Der Spruch zum Tage

ausgewählte Texte zu jedem Tag

Judith und Urs Parolo

Der Spruch zum Tage

Ausgewählte Texte für jeden Tag

von

Judith und Urs Parolo

An dieser Stelle bedanken wir uns bei allen, die bei der Entstehung dieses Buches mitgeholfen haben.

Fotodesign: Judith und Urs Parolo, Muri
Herstellung: Neue Kirschgarten AG Basel

ISBN 3-905377-07-1

DAN Verlag
Postfach 44
CH-5630 Muri

Gedruckt auf chlorfreiem Papier

Liebe Leserinnen und Leser

Was einmal Früchte tragen soll, muss wachsen und gedeihen können. Damit dies aber möglich ist, braucht jede Pflanze regelmässig, ja täglich die Zufuhr von Stoffen, welche ihr dieses Wachsen ermöglichen. In der Natur ist uns dies völlig klar. Aber auch in unserer Entwicklung braucht es ein stetiges, ein tägliches Zuführen von „wachstumsfördernden“ Mitteln. Dies sind unter anderem gute Gedanken, die uns begleiten.

Wir haben aus unseren bisher im DAN Verlag erschienenen Büchern (*Botschaften aus Shamballa*, Band 1 bis 4 und *Engel - eine selbstverständliche Art des Seins*) für

Sie jeden Tag einen Gedanken ausgewählt und diese im vorliegenden Buch zusammengestellt.

Die Textausschnitte sind manchmal fröhlich, manchmal regen sie zum Nachdenken an. Lassen Sie sich jeden Tag von einem solchen Gedanken leiten. Dies kann Ihnen eine Hilfe für das Wachsen und Gedeihen sein.

Legen Sie das Buch an einen Ort, wo Sie es jederzeit sehen, dann können Sie wirklich jeden Tag den entsprechenden Text lesen.

Betrachten Sie bitte diese Texte wie eine Medizin - allerdings eine Medizin, welche langfristig wirkt und das bei täglicher Anwendung. Das Buch müsste eigentlich die Aufschrift tragen:

Medizin aus Shamballa
täglich einzunehmen

Die Texte sind in einer direkten Form gehalten, wir werden ganz direkt angesprochen - es liegt an uns, ob wir uns auch wirklich ansprechen lassen.

Sollten Sie Interesse an den vollständigen Texten haben, können Sie die Bücher über den DAN Verlag beziehen.

Wir wünschen Ihnen bei der täglichen Lektüre viel Vergnügen und freuen uns auf jeden neuen Tag.

Muri, November 1996
Judith und Urs Parolo

JANUAR

1. JANUAR

Die Klarheit in Eurem Denken und Tun ist von so grosser Bedeutung. Versucht Euch klar zu werden, was Ihr wollt und was Ihr nicht wollt. Ihr alle habt Euren freien Willen, Ihr könnt in jede Richtung gehen, wenn Ihr wollt. Bedenkt aber immer, dass es nur eine Hauptrichtung gibt, nämlich diejenige zurück zu sich selbst, zum Ursprung. Wenn Ihr dies ganz klar erkannt habt, werdet Ihr Euch nicht mehr erlauben, etwas zu tun oder zu denken, was Euch von diesem Weg abhält. Dann seht Ihr den Weg - Euren Weg - ganz *klar* vor Euch und geht ihn geradlinig. Wir freuen uns, mit Euch gerade und klar diesen Weg zu gehen - macht Euch auf.

2. Januar

Bei den fünf Seelenqualitäten handelt es sich um die menschlichen Grundwerte, die jedes Wesen, bevor es dereinst in den Ursprung zurückgehen möchte, wieder erlernen und beherrschen muss, soll oder darf. Es sind dies folgende Qualitäten:

Bedingungslose Liebe
Freude
Demut
Bescheidenheit
Wahrheit - Selbstehrlichkeit

3. Januar

Durch Euer Zentriertsein, in der Mitte sein, seid Ihr Lichtpunkte, die das Licht ausstrahlen und somit nach aussen tragen. Schon mit Eurem Strahlen helft Ihr vielen Menschen. Eure Umgebung wird durchtränkt mit strahlendem Licht und das Licht wirkt auf die feinstofflichen Ebenen Eurer Umgebung, auf alle sichtbaren und für Euch unsichtbaren Wesen. Denkt ja nicht, dass nur die sichtbaren Wesen vom Licht profitieren. Nein, mit Eurem Licht zieht Ihr auch die lichtvollen Wesen an, die sich wohl fühlen bei Euch und somit profitiert auch Ihr wieder von diesem Licht.

4. Januar

Jeder Mensch hat ein schönes, aber ein gefährliches Geschenk erhalten, nämlich den freien Willen. Diesen freien Willen respektieren wir, denn nur Schritte aus freiem Willen sind Schritte, die für die Entwicklung zählen. Auch wir wissen nicht, wie sich ein Mensch an diesem oder jenem Punkt entscheidet - wir wissen lediglich, wo es lang gehen würde, wenn sich der Mensch seinem Plan gemäss entscheiden würde. Aber wie oft geht Ihr Menschen in andere Richtungen, begeht Umwege, macht Euch selbst die Sache schwieriger als sie ist.

5. Januar

Ein Heilkundiger setzt seine Macht, also seine Hilfsmittel bei der Behandlung von kranken Menschen, Wesen, auch der Erde so wirkungsvoll wie möglich ein - er tut alles, was "in seiner Macht steht". Das heisst, er wendet alle seine Hilfsmittel an, damit er seine Aufgabe, nämlich dem Kranken zu helfen, erfüllen kann.

6. Januar

Auf Grund des freien Willens kann jeder mit seinen Hilfsmitteln tun und lassen, was er will; aber jeder trägt die Konsequenzen für sein Tun, und zwar auf allen Ebenen. Die Macht kann auf jede Art eingesetzt werden. Je mehr aber die Seelenqualitäten, Bedingungslose Liebe, Freude, Bescheidenheit, Demut, Wahrheit - Selbstehrlichkeit, gelebt werden, je mehr sie das Sein eines Menschen durchdringen, umso lichtvoller wird dieses Hilfsmittel, also die Macht, eingesetzt.

7. JANUAR

Jeder Mensch ist eine Widerspiegelung des Gleichgewichtes zwischen Geist und Materie. Ein Teil Eures Seins ist nach "oben", in die geistige Welt gerichtet; ein anderer Teil aber zeigt zur Erde, er ist der Erde zugewandt. Nur wenn Ihr dieses Gleichgewicht lebt, könnt Ihr in Harmonie sein. Auch ist es nur in diesem Gleichgewicht möglich, das Geistige in die Materie einfliessen zu lassen.

8. JANUAR

Die Erziehung, nicht nur von Kindern, schürt sehr viele Ängste. Wie oft wird doch gedroht, dass dieses oder jenes geschehen würde, wenn man nicht artig ist. Bei kleinen Kindern sind diese Drohungen meistens im Bereich von Verboten, körperlicher Züchtigung oder Entzug gewisser Lieblingssachen. Ängste zu schüren und Drohungen auszusprechen sind aber keine Erziehungsmittel, welche die Entwicklung zu verantwortungsbewussten Menschen fördern.

9. JANUAR

Ihr müsst lernen, zu Euch und Euren Entscheidungen zu stehen. Erst dann übernehmt Ihr auch die Verantwortung dafür. Es bringt Euch und uns keinen Nutzen, wenn Ihr dauernd die Verantwortung für Euer Tun abschieben wollt. Ihr müsst handeln und Ihr müsst für Euer Handeln oder Nicht-handeln die Verantwortung selbständig übernehmen. Diese Tatsache ist ganz wichtig für Eure persönliche Entwicklung, aber auch für das Funktionieren des grossen Ganzen!

10. Januar

Angst ist eine tief schwingende Emotion, welche sich im Astral- oder Emotionalkörper sehr stark ausbreiten kann. Wenn der Emotionalkörper von der Angst vergiftet worden ist, verdunkelt sie diesen Teil des feinstofflichen Körpers. Da der Emotionalkörper aber wie kein zweiter Eure Sichtweise beeinflusst, ist es Euch wahrscheinlich klar, dass diese Angst nun Euer ganzes Sein beherrscht. Sie ist aber nicht im ganzen Sein, sondern nur im Emotionalkörper - und von hier aus baut sie ihre Illusion auf.

11. JANUAR

Macht Euch klar, dass Ihr sehr vieles zum Gebrauch bekommt. Ihr seid als Gäste auf die Erde gekommen, und die Erde stellt Euch alles, wirklich alles zur Verfügung. Ihr dürft ihre Gaben ungehindert gebrauchen, aber sie sind nicht Besitz, sondern Mittel, die Ihr für die Dauer Eures Aufenthaltes hier zur Verfügung gestellt bekommt.

12. Januar

Jeder Mensch ist in seiner Art einzigartig; jeder hat seine ganz persönliche Struktur. So wie keine zwei Fingerabdrücke gleich sind, so sind auch die feinstofflichen Teile und Aspekte jedes Menschen verschieden. Hier gibt es keine guten und keine schlechten Teile, es gibt nur eigene (sie gehören zu einem bestimmten Menschen) und fremde (sie stammen von einem anderen). Achtet darauf, nur Eure Teile bei Euch zu haben.

13. Januar

Reinheit, in dem Sinne, den wir meinen, betrifft alle Eure Aspekte des Seins. Die Reinheit des Körpers, des Geistes und der Seele. Da hinein gehört auch die Art des Denkens, des Fühlens. Kurz gesagt, alles, was Euch ausmacht, gehört hinein. Sehr oft wird aber nur ein Teil in Betracht gezogen. Dies ist schade, denn nur wenn alle Einzelteile rein sind, kann auch das Ganze rein sein.

14. Januar

Versucht in Eurem Leben Klarheit zu erlangen, nicht nur im Handeln, auch im Denken. Dies ist sehr wichtig, denn die Klarheit spielt sich in erster Linie im Denken ab. Klarheit ist eine Vorbereitung des Handelns. Erst wenn Ihr Eure Handlungen klar durchdacht habt, könnt Ihr auch klar handeln, oder auf eine Handlung verzichten.

15. Januar

Was heisst eigentlich „Erziehen“? Erziehen heisst zu spüren, wie weit die Grenzen beim anderen gezogen werden können, damit er sich frei und ohne Schaden zu nehmen bewegen kann.

16. Januar

Die beste Art, sich zu reinigen und zu schützen, ist eine lautere Lebensweise. Wir wissen, dass dieser Begriff bei vielen Menschen verpönt ist, weil er in der Vergangenheit oft von Institutionen missbraucht und verfälscht wurde. Wir möchten Euch aber diese Art zu leben ans Herz legen.

17. Januar

Meditieren ist nichts Spektakuläres, und doch ist es etwas sehr Grosses. Es ist der Weg zu Eurer inneren Ruhe, zu Euch selbst. Dies ist aber in jedem Fall ein individueller Weg, den jedes von Euch in seiner eigenen Art und Weise geht. Sucht Euren Weg und findet ihn - wir werden Euch dabei helfen und Euch unterstützen.

18. Januar

Arbeitet mit Licht und Farben. Schickt diese Farben und das Licht auch an die Euch unsichtbare Welt. Diese wirken wie eine Art Wegweiser, ein Zeichen, welches auf Euch aufmerksam macht. Die Botschaft ist klar: "Lichtvolle Wesen, helft mir auf meinem Weg, ich brauche Euch!" Diese Signale werden bemerkt und Ihr könnt so Eure feinstofflichen Begleiter auswählen. Achtet Euch aber darauf, dass Ihr dies alles in bedingungsloser Liebe tut, ansonsten verdunkelt sich das Licht und die Farben werden dunkler und blass.

19. Januar

Mit dem Begriff Spiritualität sind keine Praktiken, Richtungen oder Anschauungen verbunden. Es ist nicht so, dass ein spiritueller Mensch dieses tun muss oder jenes nicht tun darf. Nein - es geht lediglich um das Sich öffnen und das Akzeptieren der Werte der geistigen Welt und ihrer Bewohner. Und so gesehen ist es auch keine Auszeichnung, als spirituell zu gelten, sondern es ist eigentlich der Normalfall.

20. Januar

Stellt Euch vor, Ihr seid in einem Boot auf dem Ozean. In dieser Situation habt Ihr zwei Möglichkeiten :

Ihr lasst Euch treiben und von den Wellen und dem Wind leiten

oder

Ihr nehmt die Ruder in die Hand und leitet das Boot in die von Euch ausgewählte Richtung.

In beiden Fällen gelangt Ihr irgendwo hin, nur im ersten Fall bestimmen *andere über Euren Weg*, im zweiten Fall nehmt Ihr Euren Weg selbst in die Hand.

21. Januar

Legt Ihr das Überholte, das Alte nicht weg, so behindert es Euch mit der Zeit. Genauso wie Ihr in Eurem Schuhschrank keinen Platz mehr habt, wenn Ihr alle alten Schuhe aufbewahrt, habt Ihr auch keine Kapazität mehr, um neue Energieformen aufzunehmen, wenn Ihr das Alte nicht loslasst. *Denkt daran, dass Ihr immer zuerst das Alte loslassen müsst, ehe sich das Neue manifestieren kann.*

22. Januar

Vergesst nie Eure wahre Bestimmung hier auf Erden. Wenn Ihr Euch beherrschen lasst, sei es nun von materiellen Gütern, Personen, der Arbeit oder von Ideen, gebt Ihr immer einen grossen Teil von Euch auf.

23. Januar

Denkt immer daran, dass Ihr, bei allem was Ihr tut, abgegrenzt seid; macht Euch dies zu einer Lebenshaltung.

24. Januar

Klarheit ist eine der Grundlagen der Intuition, des Sich-Führen-Lassens. Damit wir ein Wesen überhaupt führen können, müssen wir sicher sein, dass es die Voraussetzungen überhaupt erfüllt. Das heisst, dieser Mensch muss in Klarheit seinen Weg gehen, klar sein Ziel vor Augen haben, klar seine Absichten darlegen, dann können wir auch eingreifen und, wenn nötig, Korrekturen anbringen. Ein sehr wichtiger Aspekt des Sich-Führen-Lassens ist die Reinheit, denn es gibt viele Ebenen in der geistigen Welt. Alle senden Impulse aus, daher ist es wichtig, dass Ihr auch an der Reinheit arbeitet, damit diese Impulse aus den lichtvollen Ebenen kommen.

25. JANUAR

Engel - diese Form des Seins verdient es, von Euch beachtet und sogar bewundert zu werden. Nehmt Euch die Engelwesen zum Vorbild und lasst ihre bedingungslose Liebe in Euer ganzes Denken und Handeln einfliessen. Die lichtvollen Engelwesen werden Euch mit Freuden auf diesem Wege begleiten und beschützen.

26. Januar

Die Freude ist eine sehr hoch schwingende Qualität. Sie soll und darf die Grundlage Eures Tuns und Denkens sein. So ist es möglich, dass Ihr Eure ganze Lebensweise von dieser hoch schwingenden Tugend durchströmen lasst. Jede Eurer Handlungen, jeder Eurer Gedanken wird dann zu einem Boten dieser hohen Schwingung, - Ihr verströmt sie.

27. Januar

Unter Bewusstsein verstehen wir den Grad der Entwicklung, welche Körper, Geist und Seele gemeinsam gemacht haben. Es ist also ein Zeichen dessen, wie wach der direkte Zugang der drei Teile, eben Körper, Geist und Seele, untereinander ist. Dies wiederum hat Einfluss auf die Möglichkeit des Menschen, in Klarheit mit Fähigkeiten, die in Euch allen stecken, umzugehen. Sehr vereinfacht gesagt, könnte man sagen, das Bewusstsein ist der momentane Aufenthaltsort eines Menschen auf dem Weg zurück zum Ursprung.

28. Januar

Macht Euch die fünf Seelenqualitäten zu eigen, versucht in jeder Lebenslage so zu handeln und zu denken, dass Ihr diese fünf Qualitäten in Eurem Tun deutlich erkennt. Beschränkt Euch nicht auf das Reden, Debattieren und Theoretisieren über Qualitäten und was man mit ihnen machen sollte, sondern handelt nach ihnen, auch wenn Ihr nicht immer verstanden werdet. So kommt Ihr nach Hause zurück um in der Einheit zu sein. Wir freuen uns darauf und erwarten Euer Kommen.

29. JANUAR

Sucht Entscheidungen immer in Euch selbst, vertraut Euren Führern und Helfern auf allen lichtvollen Ebenen. Zögert nicht zu entscheiden. Auch wenn Ihr einmal eine falsche Entscheidung getroffen habt, könnt Ihr diese revidieren; auf eine nicht getroffene Entscheidung könnt Ihr nicht zurückkommen.

30. Januar

Rhythmus ist ein zentrales Thema im Sein jedes Wesens. Ihr erseht bereits aus dieser Formulierung, dass sich das ganze Thema nicht nur auf Euch inkarnierte Wesen beschränkt, sondern dass es jegliche Art von Leben umfasst. Auch wir in der geistigen, der nichtinkarnierten Welt sind verschiedenen Rhythmen unterworfen.

31. Januar

Ihr braucht unbedingt eine Basis, ein Fundament in Eurem Leben, eben Eure Haltung im Bezug auf die Erdung. Macht Euch klar, dass Ihr immer und dauernd mit der Erde verbunden seid. Das heisst nicht, dass Ihr alle fünf Minuten denken müsst: „Ich bin geerdet, ich bin mit der Erde verbunden!“ Nein, es muss in Euch klar und selbstverständlich sein, dass es so ist - es kann gar nicht anders sein!

Februar

1. Februar

Bedingungslose Liebe solltet Ihr allem Leben entgegenbringen - ohne Ausnahme. Dies erscheint angesichts der Meldungen über Kriege und Machtkämpfe eine fast unlösbare Aufgabe. Beginnt aber bei Euch, in Eurer Umgebung. Schliesst Frieden mit Euch und Eurer Umgebung und lasst nun diesen Frieden weiter nach aussen strahlen. Fät diesen Frieden, wo immer Ihr seid. So helft Ihr mit, Liebe, Frieden und Glück zu verbreiten.

2. FEBRUAR

Wenn eine Seele ihren Weg auf der Erde beginnt, durchläuft sie während einiger Inkarnationen Abschnitte, welche es ihr ermöglichen, Erfahrungen zu sammeln, eben zu verankern, zu wachsen und aufzublühen. Diese Schritte können nicht in einer einzigen Inkarnation erfolgen, dazu würde ein Erdenleben gar nicht ausreichen. Die Seele geht dann über verschiedene Inkarnationen ihren Weg weiter und wächst und reift, bis sie dereinst bereit ist, wieder in den Ursprung zurückzugehen. Ihr seht, der gleiche Vorgang wie während *einer* Inkarnation spielt sich auch über den ganzen Entwicklungsprozess der Seele im Grossen ab.

3. Februar

Wenn Ihr im Leben, im Alltag an Euren Qualitäten arbeitet, das will heissen, wenn Ihr diese Qualitäten lebt (ohne dauernd daran zu denken), dann baut sich automatisch ein Schutzbereich auf. Ihr erreicht also zwei Ziele auf einmal:

- das Aufbauen und Beherrschen der Qualitäten; diese strahlen in Eurer Aura hell und klar und damit verbunden
- das Verstärken des eigenen Schutzes gerade durch dieses Strahlen.

4. Februar

Habt Vertrauen zu den Engelgruppen. Wenn Ihr kein Vertrauen zu ihnen habt, ist es für sie viel schwieriger, sich auf Euch einzustellen. Euer Vertrauen bildet gleichsam eine Brücke. Ueber diese Verbindung ist das Helfen wie auch das Sich-Helfen-lassen, viel einfacher - für die Engel, wie auch für Euch.

5. Februar

Viele Menschen sind der Ansicht, dass Arbeit nichts mit Freude zu tun hat. Vielmehr wird noch fleissig mitgedreht an dem Rad von Hektik, Stress und Freudlosigkeit. Es herrscht dann zwar eine sehr angespannte, konzentrierte Atmosphäre, aber die Arbeit, welche erledigt wird, hat keine Ausstrahlung - das heisst, es fehlt ein ganz wesentlicher Teil, sie ist nicht ganz. Nur über die Freude könnt Ihr eine Arbeit wieder ganz machen.

6. Februar

Die Transformationsaufgaben der Engel ist eine grosse Arbeit. Dabei sind sie auch auf Eure Hilfe angewiesen. Eine Möglichkeit, wie Ihr mithelfen könnt, ist das Einsetzen von Lichtsäulen. So helft Ihr aktiv mit, die Energien, welche transformiert werden können, zu den Engeln zu leiten. Dies erspart ihnen das zu tiefe, für sie gefährliche Eintauchen in die materielle Ebene.

7. Februar

Wenn die Seelenqualitäten in einem Menschen wirklich strahlen, ist es diesem unmöglich, seine Macht zu missbrauchen oder gar Gewalt anzuwenden zum persönlichen Vorteil. Vielleicht erkennt Ihr nun, weshalb es von so grosser Bedeutung ist, sich in den fünf Seelenqualitäten zu üben, und zwar Tag für Tag.

8. Februar

Eine Beziehung zwischen zwei Menschen steht auf der Basis des freien Willens. Dies ist sehr wichtig, denn sonst kann keine wirkliche Beziehung wachsen. Beide Partner müssen aus freien Stücken JA zu dieser Beziehung sagen, sonst bildet sich eine Zweckgemeinschaft, die keine dieser Aufgaben übernehmen kann. In einer solchen Zweckgemeinschaft - und solche gibt es viel mehr als Ihr denkt - fehlt der wichtigste Teil zu einer Beziehung, nämlich die Liebe. Nur wenn dieses Fundament vorhanden ist, entsteht eine Verbindung, die den Namen Beziehung auch verdient.

9. Februar

Alle Menschen haben die Aufgabe, sich mit dem Ursprung zu verbinden und dabei auf die eigene innere Führung zu vertrauen. Sobald der Mensch diese Erkenntnis erlangt hat, irrt er nicht mehr in seiner Dunkelheit umher. Er sieht klar sein Ziel vor sich und kann somit auch der Erde helfen.

10. Februar

Es könnte der Gedanke aufkommen, dass es doch nicht ins Gewicht fällt, wie oder was ich spreche, solange es sich nicht um feste Formulierungen handelt. Dem ist nicht so! Mit Eurer Sprache, dem Wort, habt Ihr ein grosses Mittel in Euren Händen, welches Ihr frei einsetzen könnt. Ihr erschafft Euch die Richtung und das Ziel dieser Worte selber. Bei festen Formulierungen ist die Richtung, das Ziel, vorgegeben, und in den Worten drin liegt eine grössere Kraft verborgen. Erst wenn Euch klar ist, was Ihr sprecht (oder denkt), erst wenn Ihr den tiefen Sinn der Formulierungen erkannt habt, erst dann ist es möglich, dass Ihr die Energien dahinter erschliessen könnt.

11. Februar

Immer wieder sehen wir, dass viele Menschen Mühe haben, wenn sie den Begriff Aufgaben oder Seelenaufgaben hören. Es handelt sich hier nicht um Aufträge, welche mit dem Kopf und dem Intellekt verstanden werden sollen, sondern es geht hier um Qualitäten des Herzens. Seine Aufgabe kennen, heisst in erster Linie mit dem Herzen Ja sagen zu seinem Dasein und in diesem Umfeld seinen Teil zum Ganzen beitragen.

12. Februar

Das grosse Ganze ist so eingerichtet, dass Ihr für Euren jeweiligen Lebensabschnitt immer optimal ausgerüstet seid. Nutzt Eure Möglichkeiten weise, dann werdet Ihr ein erfülltes, harmonisches Leben geniessen können.

13. Februar

Ruft in jeder Situation Eure Helfer auf der feinstofflichen Ebene zu Hilfe. Diese Engelwesen sind da und helfen Euch sehr gerne, aber Ihr müsst sie rufen. Von sich aus können und dürfen sie nicht eingreifen. Den Engeln ist es möglich, mit Qualitäten auf Eure feinstofflichen Ebenen einzuwirken und somit Eure Schwingung zu verändern. Sie können also der Angst mit Freude entgegentreten. Vertraut diesen Helfern und ruft sie zu Hilfe. Sie freuen sich sehr darüber.

14. Februar

Meditation heisst im Grunde genommen nichts weiteres, als ein vollständiges Zur Ruhe Kommen. Diese Ruhe müsst Ihr aber in Euch selbst suchen, denn nur in Eurem Innern ist es Euch möglich, diese alles durchdringende Ruhe auch wirklich zu finden.

15. Februar

Beim Thema Grenzen setzen ist es wichtig, dass Ihr klar festlegt, wo die Grenzen sind. Wird nun diese Grenze überschritten, müssen Konsequenzen folgen, das heisst, Ihr müsst reagieren und Euren Kindern klar und unmissverständlich zeigen, dass sie die gesteckten Grenzen überschritten haben. Dann können sie sich wieder innerhalb der Grenzen zurückziehen.

16. Februar

Es ist nicht ratsam, meditieren mit Reisen auf andere Planeten zu verwechseln. Wir brauchen Euch auf der Erde und nicht anderswo. Es nützt uns nichts, wenn Energien durch Euch auf die Erde fliessen sollten, während Ihr nicht auf der Erde seid.

17. Februar

Genau wie die Nacht dem Tag folgt, so folgen sich während eines Jahres die verschiedenen Jahreszeiten. Diese Jahreszeiten sind nicht auf der ganzen Erde gleich, aber überall herrscht ein Rhythmus, der das Leben in dem betreffenden Gebiet bestimmt.

18. Februar

Ein Grund für die heutige Situation auf der Erde und für die Krankheit des Wesens Erde ist, dass nur wenige Menschen ihre eigene Aufgabe wahrnehmen. Viele Menschen bewegen sich momentan von ihrer Bestimmung weg. Durch globale Bewusstseinsschritte werden Prozesse ausgelöst, für welche noch nicht alle Menschen reif sind. Dadurch entsteht ein immer grösser werdendes Spannungsfeld zwischen Bestimmung, Bewusstseinszustand und Seelenaufgabe einerseits, und dem, was im täglichen Leben gelebt wird, der Egoseite andererseits. Dieses Spannungsfeld, diese Diskrepanz ist auf allen Ebenen spürbar. Unter Umständen kann diese Spannung zu hoch werden - sie entlädt sich. Dies geschieht meist im Emotionalbereich und hinterlässt oft viele Scherben.

19. Februar

Ihr habt Qualitäten in Euch, von denen Ihr kaum eine Ahnung habt. Also sucht die Verbindung mit dem Ursprung und erlebt Euer Sein aus einer völlig anderen Perspektive, nämlich als Teil eines Ganzen. Ihr alle seid eingebettet in eine grosse Gemeinschaft. Diese Weltengemeinschaft ist nichts Getrenntes, sie ist, so verschieden sie auch aussehen mag, eins mit dem Ursprung. Wenn Ihr dies einmal erkannt habt, werdet Ihr auch wieder die Verbundenheit mit allen feinstofflichen Helfern spüren. Dann ist es Euch möglich, dass Ihr wieder beginnt, an Eurer ersten und eigentlichen Aufgabe zu arbeiten, nämlich am Zurückgehen zum Ursprung, am nach Hause gehen - wir freuen uns.

20. Februar

Ihr seid auf dieser Erde, in dieser Schule, um die Seelenqualitäten zu lernen, genauer gesagt, sie wieder zu erlernen. Nicht nur mit dem Kopf, sondern auch mit dem Herzen, so dass sie jede Faser Eures Körpers, jede Zelle, überhaupt alles, was Euch ausmacht durchdringen. Erst dann habt Ihr diese Qualitäten in Euch.

21. Februar

Wenn Ihr nicht an Eurem Platz seid, Eure Fähigkeiten und Hilfsmittel nicht gezielt einsetzt, dann seid Ihr am falschen Platz - ob nun vorne oder hinten, das spielt keine Rolle. Die Konsequenz daraus ist aber, dass am Platz, an dem Ihr eigentlich stehen müsstet, nun jemand anderer stehen muss. Dieser Platz ist also nicht mit der dafür ausgerüsteten Person besetzt - es ist eine Behelfslösung.

22. Februar

Bei vielen Menschen, gleich welchen Entwicklungsstandes, ist ein Phänomen zu beobachten, welches oft zu grossen Verunsicherungen führen kann. Nicht immer ziehen nämlich alle feinstofflichen Teile am selben Strick, das heisst, es gibt Teile und Aspekte, welche ein Eigenleben führen und somit in der Lage sind, dem eingeschlagenen Weg entgegen- oder zuwiderzulaufen. Macht Euch klar, dass Ihr alle, wirklich alle Eure Teile unter Euren eigenen Willen stellt.

23. Februar

Unter Erdung verstehen wir die Verbundenheit Eures Seins zur Erde; und damit auch zur materiellen Welt. Viele von Euch unterschätzen die Wichtigkeit dieses Themas, denn es gilt noch häufig die Devise, dass man sich von der Materie lösen muss, wenn man "weiterkommen" will. Dies stimmt aber nur zum Teil. Es ist richtig, dass Ihr Euch aus den Fängen und Verstrickungen der Materie lösen müsst: Ihr müsst die Materie beherrschen, und nicht umgekehrt. Aber Ihr dürft Euch dabei nicht von der materiellen Ebene ablösen und Euch selbst zurückziehen. Wenn Ihr dies tut, dann verliert Ihr die Erdung und es wird unmöglich, durch Euch auf der Erde zu wirken.

24. Februar

Anfänglich bereitet das Streben nach Klarheit Mühe, denn es erfordert eine dauernde Aufmerksamkeit. Dies wird aber nicht lange so bleiben, denn Ihr werdet spüren, dass die Klarheit mit der Zeit alle Ebenen Eures Seins durchdringt. Somit seid Ihr in Euch klar und das Chaotische hat immer weniger Chancen, sich Eurer zu bemächtigen. Damit legt Ihr aber auch den Grundstein für verantwortungsbewusstes Handeln auf der geistigen Ebene. Ihr werdet ein Arbeitsinstrument des Lichtes, das klar und lichtvoll eingesetzt werden kann, man kann sich auf Euch in jeder Situation verlassen.

25. Februar

Der Gegenpol zur Angst ist die Freude. Mit Hilfe der Freude könnt Ihr grossen Einfluss nehmen auf Eure Ängste. Versucht, in der Freude zu leben, Freude zu empfinden und sie auch auszustrahlen und so weiterzugeben. Die Angst hat keine Chance, wenn die Freude ihre Macht verströmt, denn jene verliert dadurch ihre Maske. Erst wenn Euch die Freude wieder verlässt, werden die Gedanken erneut schwer und die Angst kann Euch von neuem packen.

26. FEBRUAR

Davonzuschweben, zB. auf irgendwelche anderen Planeten oder in andere Ebenen, ist nie Ziel einer Meditation. Viele Menschen brauchen nach einem solchen „Schweben“ Tage, bis sie wieder ganz bei sich sind und alle Teile bei sich haben, denn es kann sein, dass einzelne Teile hängenbleiben. Diese müssen zuerst wieder zurückgeholt und dann verankert werden.

27. Februar

Leider wird das Nicht-handeln sehr oft als Ausflucht gebraucht. Es werden viele Entschuldigungen gesucht, und auch gefunden, um sich selbst zu beweisen, dass es noch nicht Zeit ist zu handeln.

28. Februar

Wendet Hilfsmittel nicht einfach darum an, weil sie von einer bestimmten Richtung propagiert oder in einer Publikation als kleines Wunder angepriesen werden. All diese Hilfsmittel können Euch in Eurem Tun unterstützen. Sie dürfen Euch aber nie beherrschen, nein, sie müssen immer in Eurem Dienste stehen.

29. Februar

In der Einheit gibt es weder gut noch böse, es gibt nur das Sein. Sowohl gut wie auch böse sind also Erscheinungsformen des Seins. Aus dem Blickwinkel der Materie sieht dies aber anders aus. Da werden Dinge, Taten, Personen bewertet, nach ihren Taten gerichtet, also sind sie gut oder böse. Dies mag aus Eurer Sicht seine Gültigkeit haben, aber es ist, wie alles in der Dualität, nur ein Teilaspekt.

MÄRZ

1. März

Lichtsäulen könnt Ihr überall hinstellen. Besonders bewähren sie sich an Orten, wo emotionale Turbulenzen vorhanden sind (im Kleinen: zu Hause, nach Streitigkeiten; in Spitälern, Schulanlagen, Versammlungen; aber auch im Grossen: in Krisen- und Kriegsgebieten, bei Katastrophen). Ihr könnt so den Engelwesen ihre Arbeit wesentlich erleichtern.

2. März

Benutzt alle Hilfsmittel, dazu sind sie da. Wir freuen uns immer, wenn wir spüren, wie viele von Euch Hilfen und Hilfsmittel gebrauchen - und zwar mit dem Herzen gebrauchen. Dann kann diese unsere Hilfe auch ankommen, denn sie kommt von Herzen und geht zu offenen Herzen.

3. März

Eine echte Partnerschaft zeichnet sich dadurch aus, dass beide Partner in ihrer Beziehung gleichberechtigt sind. Sie bilden eine Einheit und treten als Ganzes nach aussen hin auf. Dies heisst aber nicht, dass nun keiner der Partner mehr einen Schritt alleine machen darf - im Gegenteil. In einer echten Partnerschaft ist es möglich, dass jedes seinen eigenen Weg geht, ohne aber den andern *auszuschliessen.* Eine echte Partnerschaft zeichnet sich auch dadurch aus, dass beide Partner sich auf den andern verlassen können, dass sie wissen, mit dem Herzen, dass sie gut aufgehoben sind. Beide Partner sind offen und ehrlich zueinander, es gibt keine Geheimnisse voreinander. Man schätzt sich gegenseitig und weiss, was man an seinem Partner hat.

4. März

Seid Euch immer bewusst, dass die Angst ein Blendwerk ist - oftmals ein sehr gewaltiges. Wenn Ihr Euch aber einmal im klaren seid, worum es in Eurem Leben denn eigentlich geht, dann ist die Angst nicht mehr so mächtig. Euer Ziel ist es, in den Ursprung zurückzukehren. Dann spielt es keine Rolle, ob materielle Besitztümer vorhanden waren, ob man in der sogenannt "besseren Gesellschaft" angesehen war, oder der Lebensstandard entsprechend war. Nein, da zählen die Qualitäten der Seele. Wenn dies wirklich im tiefsten Sein klar ist, hat die Angst nur noch einen sehr kleinen Boden, auf dem sie wirken kann - und sie verkümmert.

5. MÄRZ

Wenn Ihr im Meer schwimmt, fällt es Euch leichter, mit den Wellen zu schwimmen. Entschliesst Ihr Euch aus irgendwelchen Gründen, gegen die Wellen zu schwimmen, müsst Ihr viel mehr Kraft aufwenden, manchmal geratet Ihr ausser Atem oder Ihr taucht sogar für kurze Zeit unter. Die Wellen symbolisieren den grossen Rhythmus. Mit dem Rhythmus gestaltet sich Euer Leben, Euer ganzes Sein einfacher, harmonischer und im Endeffekt auch effizienter. Ihr seht aber, dass es nicht unmöglich ist, gegen die Wellen zu schwimmen. Ja es kann sogar für eine kurze Zeit nötig sein, dagegen zu schwimmen, um etwas Bestimmtes erreichen zu können. Rhythmen sind also nie etwas absolut Einengendes, sondern eine Art Leitplanken, Hinweisschilder.

6. März

Beobachtet Euren Atemrhythmus; er kann Euch wichtige Hinweise auf Euren momentanen Zustand geben. Achtet Euch darauf, wie Ihr atmet und reagiert dann entsprechend, denn atmen ist mehr, als nur Luft in die Lungen zu pumpen.

7. März

Klarheit heisst nicht, dass Ihr einen einmal gefassten Plan nicht mehr ändern dürft, wenn Ihr neue Impulse bekommen habt. Es hindert Euch niemand daran, heute klüger zu sein als gestern.

8. März

Gewöhnt Euch an, dass, wenn Ihr aus dem Hause geht die Engel, welche Euch umgeben zu begrüssen, ihnen innerlich zuzuwinken und ihnen zu sagen, dass Ihr Freude habt, dass sie da sind und dass Ihr sie spüren könnt. Dann werdet Ihr bemerken, dass die ganze Umgebung freudvoller wirkt und Ihr diese Freude in Eurem Herzen in den Alltag tragen könnt.

9. MÄRZ

Es käme niemandem in den Sinn, eine Maschine, die 50 Jahre ununterbrochen laufen muss, nicht regelmässig zu warten, zu pflegen, zu reparieren. Nein, zu dieser Maschine wird sehr gut geschaut, eben, sie wird gepflegt. Betrachtet Eure Beziehung ebenfalls als eine solche "Maschine", die viele Jahre laufen soll. Auch sie braucht regelmässige Pflege und Wartung. Und wie bei einer Maschine macht es sich auch in einer Beziehung bezahlt, wenn diese Pflege regelmässig und mit viel Einfallsreichtum durchgeführt wird.

10. März

Durch den Materienschock hat das Leben seinen Ernst bekommen, die Freude hat Euch verlassen. Gewinnt sie wieder durch unsere Führung, macht Erfahrungen um der Erfahrung willen. Setzt Euch nicht in Zwänge, die Ihr Euch selbst schafft; durchbrecht Eure selbstgemachten Käfige. Ihr seid grenzenlose Wesen, also begrenzt Euch nicht dauernd selbst.

11. März

Es ist wichtig, dass wir Mitarbeiter haben, welche Impulse von verschiedensten Seiten aufnehmen können und dann selbständig überlegen, entscheiden und aktiv werden, also handeln.

12. März

Lebt in der Freude, dann kommt das andere von alleine. Ihr könnt nämlich nicht in der Freude leben und gleichzeitig wütend auf Euren Nachbarn sein. Wenn Ihr in der Freude lebt, ist Euer ganzes Sein von Freude geprägt. Ihr strahlt die Freude aus, Ihr erfüllt die ganze Umgebung mit diesem Licht, und somit seid Ihr ein Lichtpunkt. Fragt Euch selbst einmal: In welcher Umgebung halte ich mich lieber auf, in der eines freudigen oder in der eines griesgrämigen Menschen?

13. März

Schickt Licht und Farben auch in die inkarnierte Welt. So verbreitet Ihr eine reine und strahlende Aura. Ihr hüllt Euch in einen Mantel, der Euch beschützt. Auch diese Arbeit geschieht in Demut und ohne irgendwelche Bedingungen.

14. März

Die Grundursache der Angst ist in praktisch allen Fällen die Befürchtung, etwas zu verlieren oder etwas nicht zu haben. Das Besitzdenken ist der Hauptantrieb für Eure Ängste. Wenn Ihr Eurer Angst begegnen wollt, müsst Ihr Eure Einstellung zum Besitzen ändern.

15. März

Für viele von Euch ist es einfacher, wenn sie ihren Schutzengel, ihren persönlichen Helfer kennen. Dem steht aber nichts im Wege, ausser Ihr selbst. Räumt alle Zweifel an diesen Wesen aus dem Wege und hört in Euch hinein. So werdet Ihr "Euer" Engelwesen finden und mit ihm verweilen können.

16. März

Was heisst das, eine lautere Lebensweise? Wenn Ihr versucht, auf diese Art zu leben, dann nehmt Ihr die fünf Seelenqualitäten (Bedingungslose Liebe, Freude, Demut, Bescheidenheit, Wahrheit - Selbstehrlichkeit) als Massstab für alles, was Ihr tut, nicht tut, denkt usw. Jede Eurer Handlung ist von diesen Qualitäten durchdrungen. Nicht, dass Ihr Euch vor jedem Schritt überlegt: "Will ich nun dies tun oder nicht, steht diese Entscheidung im Einklang mit den Seelenqualitäten?" Nein, dies wäre kein Leben mehr, sondern eine Aneinanderreihung von einzelnen Episoden.

17. MÄRZ

Lernt, jeden Menschen zu akzeptieren wie er ist und ihm mit Liebe zu begegnen; schaut auf seine inneren Werte, auf seine Seele und lasst Euch nicht durch Äusserlichkeiten ablenken. Jedes Wesen besitzt einen göttlichen Funken, jeder Mensch ist ein lichtvolles Geschöpf, dem Ihr mit Liebe begegnen könnt.

18. März

Die Sonne steigt am Morgen auf und am Abend geht sie unter. Tag und Nacht prägen auf eindrückliche Art und Weise Euer Leben. Mit dem Auftauchen der Sonne beginnt auch die Aktivität, die Zellen in Eurem Körper erwachen und sind bereit, eine Tätigkeit aufzunehmen. Auch Ihr seid am Morgen bereit und beginnt Euer Tagwerk. Am Abend erfolgt eine aktive Ruhephase, Ihr erholt Euch bei Gesprächen, Spielen, Lesen… bevor die passive Ruhephase beginnt, der Schlaf. Auch die Zellen in Eurem Körper folgen diesem Rhythmus und stellen ihre Aktivitäten Schritt für Schritt ein, bis nur noch soviele aktiv sind, wie es braucht, um die lebenswichtigen Vorgänge am Laufen zu halten.

19. März

Wenn Ihr ein Hilfsmittel, sei es ein Ritual oder eine andere Form einsetzt und dies mit halbem Herzen tut, so ist es, als ob eine Mechanik abläuft. Es wird die äussere, sichtbare Form „erledigt“. Aber den inneren Nutzen werdet Ihr auf diese Weise nicht oder nur kurz zu spüren bekommen. Da sich Eure Haltung nicht ändert, wird sich in der Wirkung nichts verändern. Ihr seht, dass sich Eure innere Haltung äusserst entscheidend auf den Erfolg von Übungen und Ritualen auswirkt. Nehmt sie in Freude vor und denkt niemals: “Oh nein, nicht schon wieder!“

20. März

Lasst das Licht in Eurem Herzen nicht verkümmern oder sogar ausgehen. Macht es strahlend gross, so dass es weithin sichtbar ist und somit lichtvolle Wesen anzieht. Das ist eine sehr gute Hilfe, wenn Ihr zum Beispiel nachts unterwegs seid und Angstgefühle aufkommen.

21. MÄRZ

Bei sich selbst bleiben, abgegrenzt sein und sich in seinem Raum auszudehenen, dies alles bereitet vielen Menschen heute Mühe. Ihr könnt Euch mit Hilfsmitteln ein Stück weit behelfen. Wenn Ihr aber wirkliche Resultate erreichen wollt, dann müsst Ihr in Euch diese Haltung aufbauen und entwickeln.

22. März

Klarheit braucht es in jeder Lebenslage, sie ist für alle Eure Handlungen, auch für Nicht-Handlungen, nötig.

23. März

Auch das Essen ist im Tagesablauf auf seine Art eine Ruhephase; gönnt Euch und Euren Gedanken diese Ruhe. Dann könnt Ihr wirklich gestärkt - nicht nur an Mineralstoffen und Vitaminen - nach dem Essen an Eure Arbeit gehen.

24. März

Jeder von Euch bestimmt selbst, welchen Nutzen er aus diesen Hilfsmitteln der Neuen Zeit zieht. Je nach Stand des eigenen Bewusstsein ist dieser Nutzen gross oder klein. -. Ein Steckdosenprinzip, wie in früheren Energiesystemen üblich, gibt es nicht mehr; diese Phase ist überwunden.

25. März

Ziel auch der Entwicklung der Engelwesen ist es, einzugehen in den Ursprung. Dort gibt es keine Unterschiede mehr zwischen Menschen und Engeln - dort sind nur noch göttliche Wesen.

26. März

Habt Ihr heute schon Euren Schutzengel begrüsst. Denkt immer daran, die Engel auch dann zu begrüssen, wenn es Euch gut geht und Ihr keine Probleme habt. Sie freuen sich über jede Aufmerksamkeit.

27. März

Verabschiedet Euch liebevoll von allen alten, nicht mehr angepassten Formen der energetischen Hilfen und seid Euch im Klaren, dass neue Hilfen da sind. Nutzt die Chance, mit dem exakt Eurer Situation angepassten Hilfsmittel diesen Teil Eures Weges zu gehen.

28. März

Wenn Ihr im Einklang mit dem Rhythmus lebt, habt Ihr nie das Gefühl, in Eurem Leben etwas verpasst zu haben. Lebt Ihr aber entgegen des Lebensrhythmus, rennt Ihr immer irgendwelchen Dingen nach, welche Ihr noch „haben“ müsst.

29. März

Bittet die Engel Euch zu helfen. Ihr werdet wissen, dass Engelwesen von sich aus nicht in eine Situation eingreifen dürfen. Sie sind auf Euren "Hilferuf" angewiesen. Also, bevor Ihr einschlaft, ruft Eure Helfer um Hilfe an und übergebt ihnen Eure Probleme. Bittet in diesem Zusammenhang um Klarheit, um Freude, um Kraft, um Trost oder um Mut. Während Euer Körper schläft, arbeiten die Engel mit den entsprechenden Qualitäten und helfen Euch auf diese Weise sehr effizient, die Probleme zu lösen. Ihr müsst wissen, dass die Engel nicht die Probleme für Euch lösen, sondern dass sie Euch das bestmögliche Rüstzeug in die Hände geben. Diese Hilfe zur Selbsthilfe dürft Ihr nicht unterschätzen, sie ist gewaltig.

30. März

Benehmt Euch so, wie sich Gäste benehmen. Zwingt die Erde nicht dazu, Euch für Euer ungebührendes Verhalten zu massregeln. Benehmt Euch so, dass Ihr jederzeit wieder willkommen seid auf Erden.

31. MÄRZ

Hilfen gibt es viele. Nicht alle Hilfsmittel greifen aber auf der gleichen Ebene - sucht Euch daher in jedem Fall das zur aktuellen Situation passende Hilfsmittel aus. Denkt aber immer daran, dass es sehr wichtig ist, *wie* Ihr ein Hilfsmittel anwendet; also mit welchem Bewusstsein Ihr all die Hilfen gebraucht.

APRIL

1. APRIL

Wir freuen uns mit Euch, auf viele machtvolle Mitarbeiter bei der Erfüllung des grossen Plans, bei unserer grossen Aufgabe des Heimgehens zum Ursprung. Je mehr wir sind, um so einfacher wird es für den einzelnen. Also gehen wir mit Freude an unsere Arbeit.

2. April

Mit Hilfe der Freude zieht Ihr auch freudvolle Wesen an. Dies geschieht nicht nur auf der physischen Seite, nein, auch auf der feinstofflichen Ebene gilt diese Gesetzmässigkeit. Wenn Ihr freud- und lustlos durch die Weltgeschichte wandert, werden Euch auch entsprechende Wesen begleiten. Seid Ihr aber in Freude, so habt Ihr dementsprechend freudige Begleiter. Also, wählt Eure Begleitung selber aus, es liegt bei Euch.

3. April

Wahre spirituelle Entwicklung hat sehr viel damit zu tun, dass Ihr Euren Platz annehmt. Ihr müsst ihn nicht bewusst kennen. Verknüpft diese Aussage nicht mit Bewertungen, sondern mit dem Erkennen, dass Ihr mithelft, den grossen Plan zu erfüllen. Wenn jeder an seinem Platz steht und seine Aufgabe erfüllt, dann braucht Ihr keine Meister, keine Universalhilfsmittel und keine Dogmen. Dann habt Ihr nämlich alles in Euch und Eure Entwicklung führt Euch zu dem, was Ihr braucht. Probleme gibt es erst dann, wenn Ihr Euch von Eurem Platz entfernt und Ihr "Meister" sucht, denen Ihr nacheifern wollt, weil Ihr in Euch eine Leere verspürt.

4. April

Habt Vertrauen zueinander und sagt und zeigt dies auch. Es tut immer gut, seinem Partner ganz offensichtlich zu zeigen oder zu sagen, dass man sich freut - auch nach zwanzig Jahren - mit ihm zusammen zu sein. Vielleicht können hier auch Blumen mithelfen, dies immer wieder zu sagen (Nicht nur an besonderen Festen, sondern einfach so).

5. APRIL

Ihr trauert um etwas, das Ihr verloren glaubt, sei das ein lieber Mitmensch, eine Sache oder das Heim. Ihr trauert, wenn Ihr eine Beziehung zu jemandem oder zu etwas aufgebaut habt und diese wird Euch wieder genommen. Dieses Gefühl des Verlassenwerdens kennt Ihr schon seit Eurem Sein. Vor Äonen von Jahren seid Ihr aus dem Ursprung herausgetreten um die Gotteserfahrung in dieser Dichtheit zu machen. Durch das Weggehen fühltet Ihr Euch verlassen und Ihr trauert der Einheit nach. Je dichter die Ebene wurde, in der Ihr wirktet, desto weniger spürtet Ihr die Verbundenheit mit Gott. Ihr konntet nicht mehr wahrnehmen, dass Ihr noch eins mit dem Ursprung seid, sondern Ihr fühltet Euch getrennt. Das *Urvertrauen* ging verloren und machte der *Trauer* Platz - der Trauer über die verlorene *Einheit.*

6. April

Auch bei Kristallen gilt ein Grundsatz: Spiritualität, geistiges Wachstum lässt sich nicht kiloweise kaufen. Kristalle solltet Ihr kaufen, wenn Ihr das Gefühl habt, sie könnten Euch auf Eurem Weg helfen. Kristalle einfach so zu kaufen, weil sie gut zum Kleid passen, ist eine nicht ungefährliche Sache, weil sich solche Steine auch als Störfaktoren erweisen können. Wenn Ihr geführt werdet, Kristalle zu kaufen, geht dorthin, wo Ihr mit gutem Gewissen hingehen könnt, wo die Steine in einer Art aufbewahrt werden, die Euch zusagt. Lasst Euch von Eurem Herzen führen - Ihr werdet den richtigen Ort finden. Wenn Ihr Euch so, von Eurem Herzen, führen lasst, werdet Ihr auch "Euren" Kristall finden.

7. April

Ihr könnt das Licht ausstrahlen und somit ein Lichtturm sein, an dem sich die Menschen orientieren wie der Schiffer an einem Leuchtturm. Wenn genügend solche Lichttürme ihr Licht ausstrahlen, können sich die Menschen besser orientieren und die Möglichkeit von Irrfahrten wird kleiner. Das ist etwas, was Ihr Euch sicher alle wünscht, also gehen wir diese grosse Aufgabe gemeinsam an.

8. April

Angst lässt sich oft mit einfachen Mitteln transformieren. Wenn in Euch das Gefühl der Angst aufsteigt, geht in Euch und fragt euch selbst, ob diese Angst einen Grund hat. Versucht zu ergründen, woher dieses beklemmende Gefühl kommt und gebt Euch nicht einfach hin. Hinterfragt die Angst - ist sie nötig oder ist es eben nur eine Illusion. Mit diesem Hinterfragen stellt Ihr Euch auf eine andere Ebene. Die Angst kann Euch nicht einfach so packen und Euch dann leiten, sondern Ihr kämpft dagegen an, indem Ihr die Verantwortung für Euch übernehmt. Also hinterfragt die Angst und wägt dann ab, ob dieses Gefühl eine Berechtigung hat oder nicht.

9. April

Achtet nun darauf, dass Ihr nicht in den Irrtum verfallt, Eure eigenen Kinder als etwas Aussergewöhnliches zu betrachten, denn jedes Lebewesen ist aussergewöhnlich. Betrachtet Eure Kinder als das, was sie sind, nämlich als Wesen, welche bei Euch sind und die von Euch lernen, wie das Spiel auf der Erde gespielt wird.

10. April

Es ist möglich, dass Ihr in die Lage kommt, wo die Seelenqualitäten scheinbar nicht mehr gelebt werden können, wo es Euch zuviel kostet. Bedenkt aber, es gibt immer einen Weg, wenn man sich darum bemüht. Dieser Weg ist vielleicht nicht immer der einfachste, aber er ist der zielstrebigste. Es gibt nur einen Weg zurück - und dieser Weg führt über die Tugenden. In jeder Lebenslage lassen sich diese Qualitäten leben, nur erscheint Euch dies oftmals unmöglich. Unmöglich ist es aber nur dann, wenn Ihr Eure Egoseite, also Eure Persönlichkeit vor Eure Seele stellt. Vielleicht ist das Leben dieser Qualitäten mit Verlusten (was immer auch das heissen mag) auf der materiellen Seite verbunden.

11. April

Ihr dürft Rhythmen nicht als etwas Einengendes, absolut Verbindliches anschauen. Nein, Rhythmen sind wie Wellenbewegungen, welche das Ganze in Schwung halten und die grosse Ordnung garantieren.

12. April

Demut ist keine Qualität, wo man sich verkriechen muss, wo man seine Fähigkeiten verleugnen soll und wo man ja nichts fordern soll. Nein, im Gegenteil, Demut ist etwas sehr Aktives, etwas, was vorwärts schreitet - aber jeder an seinem Platz. Dann funktioniert die grosse Weltenmaschine wieder wie geölt, dann können Prozesse, welche uns im Moment Mühe bereiten, wieder ungehindert geschehen. Dann ist es auch möglich, dass Ihr wieder ganz in Eurer Mitte steht. Denn nur wenn Ihr Eure Aufgabe und Euren Platz kennt und einnehmt, könnt Ihr in Eurer Mitte stehen.

13. April

Macht Euch die grossen Rhythmen zu eigen. Hört auf Euch, auf Eure innere Stimme, dann werdet Ihr spüren, in welcher Phase Ihr Euch befindet. Praktisch gesehen heisst das, dass Ihr enorme Mühe haben werdet, eine grössere Sache anzugehen und nach aussen zu tragen, wenn Ihr Euch in der Phase des Zurückziehens befindet.

14. April

Bescheidenheit heisst, seine Fähigkeiten da einsetzen, wo sie gebraucht werden. Es geht nicht darum, dass Ihr nun mit Euren Fähigkeiten prahlt. Eure Fähigkeiten habt Ihr bekommen, um sie zu nutzen, nicht um sie den anderen vorzuführen, um Beachtung damit zu erheischen. Diese Prahlsucht läuft den Seelenqualitäten zutiefst zuwider. Es geht darum, dass Ihr Eure Hilfsmittel annnehmt und auch gebraucht, dass Ihr sie jedesmal, wenn sie nötig sind auch einsetzt - zum Wohle des Ganzen. Es besteht nämlich die Gefahr, dass Ihr Eure Talente zurückhaltet, weil Ihr eine Konfrontation mit Eurer Umgebung scheut, weil Ihr nicht zu Eurer Aufgabe und den damit verbundenen Hilfsmitteln stehen wollt. Diese falsch verstandene Bescheidenheit ist aber Eurer Entwicklung nicht förderlich.

15. April

Macht Euch wieder bewusst, dass Euch alles, wirklich alles was Ihr braucht auf Eurem Weg, zur Verfügung gestellt wird. Ihr braucht nicht mehr. Stellt nicht Ansprüche auf Dinge, die ein anderer auf seinem Weg dringend braucht. Nehmt Ihr sie ihm weg, erschwert Ihr seinen Weg und Ihr belastet unnötigerweise den Euren.

16. April

Etwas, was dem Schutz entgegenläuft und eine Haltung in dieser Hinsicht praktisch verunmöglicht, ist die Angst vor Verunreinigungen. Dadurch schlagt Ihr - von innen heraus - Löcher in Euren Schutzmantel. Sucht nicht hinter jedem Baum, hinter jeder Ecke Verunreinigung und „böse“ Wesen, welche Euch anfallen und dann belästigen. Nein, geht in Freude und Zuversicht Euren Weg durch das Leben. Da die Freude eine hochschwingende Qualität ist, ist sie schon eine grosse Hilfe (oder Grundbedingung) für einen anhaltenden Schutz. Wenn Ihr wirklich und aus tiefstem Herzen an Euren Qualitäten arbeitet - weil Ihr Euch bemüht, sie bedingungslos zu leben - dann habt Ihr einen sehr guten Schutz.

17. April

Ihr habt auf diesem Weg zurück zum Ursprung viele Helfer auf der feinstofflichen Ebene - ruft sie um Hilfe und sie werden Euch helfen. Sie sind für Euch da und freuen sich, wenn sie Euch helfen dürfen und können. Es ist auch für sie eine grosse Freude, wenn sie sehen und spüren, dass der Wille da ist, wieder zurückzugehen und sich zu befreien.

18. April

Füllt Euch jeden Tag einmal, wenn es möglich ist sogar mehrmals mit der Sonne. Dieses Sonnenlicht könnt Ihr auch ausstrahlen und einem Menschen schicken, der im Schatten steht. Die Engelwesen sind sofort und immer bereit, Euch zu helfen, aber Ihr müsst sie um ihre Hilfe bitten. Ihr könnt Engelwesen zB. auch zu einem kranken oder einem zweifelnden Menschen schicken.

19. April

Jeder Mensch braucht Luft zum Atmen. Diese Tatsache wird wohl niemand bestreiten. Aber es braucht noch mehr, um wirklich existieren, um sich entwickeln zu können. Dafür braucht es auch energetischen Raum.

20. April

Für eine Meditation braucht es Vorbereitungen. Dies sind aber nicht irgendwelche Übungen oder Rituale, sondern es braucht Eure *Klarheit*. Ihr müsst Euch klar werden, was Ihr tun wollt. Dies entscheidet über die Qualität Eurer Meditation.

21. April

Wer in *Freude* lebt, kann seine Macht nicht gegen etwas oder gegen jemanden einsetzen. Immer ist die Freude, diese hoch schwingende Qualität, der Wegweiser für den Gebrauch seiner Fähigkeiten. Eigennutz ist ihm fremd - er tut das, was er tut aus Freude und aus Liebe.

22. April

Der Rhythmus von Tag und Nacht ist leider bei sehr vielen Menschen gestört. Tag und Nacht werden verschoben, oder gar ausgetauscht. Dabei wird aber vergessen, dass sich der Körper auf diesen Rhythmus der Natur eingeschwungen hat. Die aktive Zeit ist der Tag, das Licht; hier kann man auch zeigen - und jedermann kann es sehen - was man tut, man braucht sich nicht zu verstecken.

23. April

Wenn ein Kind in einem Bereich entscheidungsfähig ist, dann kann es auch die Verantwortung für diesen Bereich übernehmen. Das Recht zu entscheiden beinhaltet auch die Pflicht, die damit verbundene Verantwortung zu tragen.

24. April

Versucht, eine ruhige, tiefe Atmung anzustreben. Dies hilft Euch in Eurem Alltag, die Ruhe zu bewahren. Wenn Ihr emotional erregt seid, gewöhnt Euch an, zuerst drei wirklich tiefe Atemzüge zu tun, bevor Ihr reagiert. Oftmals könnt Ihr so eine Überreaktion, welche Ihr später bereuen würdet, verhindern.

25. April

Ihr wisst, dass es während einer längeren Arbeit nötig ist, eine Pause einzuschalten. Kein Wesen ist in der Lage, ohne Erholungszeiten pausenlos im Einsatz zu stehen. Wenn Ihr es trotzdem versucht, arbeitet Ihr zwar, aber die Qualität und die Effizienz Eurer Arbeit lässt nach und zu guter Letzt ähnelt das Ganze mehr einer Beschäftigungstherapie als einer gezielten, speditiven Arbeit.

26. April

Wenn Ihr Euch bemüht, ein Hilfsmittel als Ganzes zu sehen, es mit Eurem ganzen Sein aufzunehmen und mit wirklich wachem Bewusstsein auszuführen, dann können Eure innersten Saiten anklingen und Ihr werdet die Wirkung über längere Zeit wahrnehmen.

27. April

Ein Mensch, der in der *bedingungslosen Liebe* lebt, wird seine Hilfsmittel immer bedingungslos - also ohne irgendwelche Bedingungen zu stellen - einsetzen. Nur seine geistige Führung leitet ihn beim Einsetzen seiner Macht.

28. April

Spiritualität heisst zu erkennen, dass es Geist und Materie gibt, dass mehr Dinge zwischen Himmel und Erden sind, als die materielle Sichtweise zulässt.

29. April

Es gibt Legionen von Engeln, welche überall dort anzutreffen sind, wo Emotionen überhand nehmen und Schaden anrichten. Denkt besonders an Kriegs- und Krisengebiete, an Katastrophen- und andere Notstandfälle.

30. April

Die Qualität *Demut* leitet Euch, Euer Denken und Tun in einen grossen Rahmen zu stellen. Wenn dieses Prinzip in Euch strahlt, seid Ihr in der Lage, Euren Platz und Eure Aufgabe im grossen Plan zu erkennen. Dann ist persönliche Machtanhäufung gar nicht mehr nötig.

MAI

1. Mai

Das Leben ist die wunderbarste Sache, die es gibt; es ist Ausdruck des Göttlichen. Jedes Wesen hat ein Recht auf sein Leben - es ist eine Anmassung, sich über das Leben eines anderen Wesens zu stellen. Euer oberstes Ziel muss sein, alles Leben zu erhalten und jedes Leben lebenswert zu gestalten.

2. Mai

Wir haben gesagt, dass es nicht darum geht, die Materie zu verleugnen und sie abzulehnen. Nein, versucht in einem ersten Schritt das Gleichgewicht zwischen Geist und Materie wieder herzustellen. Nehmt dafür das kosmische Kreuz als Symbol, es zeigt die Ausgeglichenheit, die Harmonie zwischen Geist und Materie.

3. Mai

Die Zeit ist gekommen, um das Ungleichgewicht, das in vielen Beziehungen herrschte aufzuheben und die Beziehungen in echte Partnerschaften zu führen. Beginnt damit bei Euch, mit Eurem Partner, denn nur so kann sich das Gleichgewicht im Grossen manifestieren. Was nützt es, wenn globale Veränderungen mit grossem Energieaufwand durchgesetzt werden, aber trotzdem leben alle Menschen noch hunderte von Jahren im alten Trott weiter. Beginnt diese Veränderungen in Eurer Beziehung, sucht echte Partnerschaften hier bei Euch im Kleinen, dann können sie auch im Grossen entstehen. Wir freuen uns auf all die Partnerschaften die mithelfen, die Welt zu verändern.

4. MAI

Wir sind immer für Euch da, wir helfen und führen Euch. Ruft uns und wir kommen. Aber lasst Euch auch helfen und führen, hört auf Eure innere Stimme und handelt danach. Dann werdet Ihr auf diesem Weg Schritt für Schritt weitergehen. Habt immer vor Augen, dass es ein gewaltiges Stück Weg ist, das Ihr unter Eure Füsse genommen habt. Lasst Euch nicht von Rückschlägen umwerfen, lasst den Kopf nicht hängen, wenn Ihr bemerkt habt, dass Ihr nicht so gehandelt, geredet oder gedacht habt, wie es hätte sein sollen. Aber nehmt dies immer als Ansporn, Euch das nächste Mal zu bemühen. Übt dies solange, bis Euch diese Qualitäten in Fleisch und Blut übergegangen sind, bis sie ein Teil Eurer selbst geworden sind - dann beherrscht Ihr die fünf Seelenqualitäten.

5. Mai

Engel sind Wesen, welche sich durch bedingungslose Liebe auszeichnen. Sie wirken ohne Eigennutz und auch ohne eine Wertung. Begriffe wie: Dies ist besser - dies ist schlechter, gibt es für sie nicht. Versucht viel eher diese Qualität auch in Euer Leben einfliessen zu lassen - dann werdet Ihr sehen, dass sich solche Diskussionen erübrigen.

6. Mai

Abwarten kann sich zu einem Muster entwickeln, welches Euren Weg stark beeinträchtigen kann. Wer sich weigert zu handeln - sowohl in der materiellen wie auch in der geistigen Ebene - der behindert den grossen Plan, weil er Teilstücke nicht einbringt. Ebenfalls behindert er sich selbst, indem er am gleichen Ort stehen bleibt, weil er sich nicht entscheidet.

7. Mai

Wenn Ihr den Punkt erreicht habt, an dem Reinheit Eurem innersten Bedürfnis entspricht, stellt diese für Euch keine Pflicht und keine Einschränkung mehr dar. Es ist einfach klar - es ist so, weil es mit dem grossen Ganzen übereinstimmt.

8. Mai

Die Wirkung von Hilfsmitteln bestimmt Ihr in einem grossen Masse selbst. Versucht nicht die Übungen zu verfeinern, sondern versucht das, was Ihr mit der Übung erreichen wollt, zu leben. Dann habt Ihr den ersten Schritt zu dem, was wir als Haltungen bezeichnen, getan.

9. Mai

Achtet bei der Auswahl Eurer Nahrungsmittel darauf, was die Natur Euch zur Zeit bietet. Versucht Gemüse und Früchte dann auf Euren Speisezettel zu setzen, wenn sie aktuell sind, das heisst, wenn sie bei Euch in Eurer Umgebung wachsen. Ihr solltet auf Eurem Tisch noch merken, dass zum Beispiel ein bestimmtes Gemüse im Moment im Garten geerntet werden kann. Achtung, versteht dies aber jetzt nicht dogmatisch oder sektiererisch. Ihr könnt Gemüse und Früchte ja auch konservieren und zu einem späteren Zeitpunkt auf den Tisch bringen. Aber achtet darauf, dass Euer Tisch immer wieder ein Spiegel des momentanen Angebotes der Natur, des grossen Rhythmus ist.

10. Mai

Macht Euch klar, dass Ihr ein eigenständiges Wesen seid und dass Ihr Euren energetischen Raum braucht, so wie Ihr die Luft zum Atmen braucht. Nehmt dieses Wissen in Euch auf und lasst Euch nicht davon abbringen. Lasst Euch nicht in die Ecke drängen oder zieht Euch zurück, wenn Unannehmlichkeiten auf Euch zukommen.

11. MAI

Nehmt eine Handvoll Erde und lasst sie durch Eure Finger rieseln. Spürt dabei die Kraft und die Energie der ganzen Erde.

12. Mai

Wenn Ihr einmal erkannt habt, dass die materielle Seite nicht Eure Bestimmung ist, dann wird es Euch einfacher erscheinen, den Weg der Seelenqualitäten zu gehen.

13. Mai

Entscheidet Euch für Euer selbsgewähltes Hier-sein und Eure selbstgewählte Aufgabe. Mit dieser klaren Absicht und Eurem entschlossenen Mut zum Handeln seid Ihr starke Stützen für das grosse Ganze - und für Euch selbst. Wir freuen uns auf viele entschlossene und zu allem bereite Mitarbeiter! Wenn Ihr Eure Absicht zum Wirken auf der Erde, in der materiellen Ebene auf diese Art und Weise deutlich manifestiert, dann können Euch auch viele Wesen aus unserer Ebene helfen. Sie sehen und spüren dann, dass es Euch ernst ist mit Eurer Arbeit und unterstützen Euch in grossem Ausmass. Spüren sie aber Unsicherheit, Unentschlossenheit und Zögern von Eurer Seite aus, dann warten sie erst einmal ab, ob und wie Ihr Euch entscheidet.

14. Mai

Bewegt Euch nach innen und nicht dauernd nach aussen. Die tiefe, umfassende Ruhe, welche Ihr sucht, findet Ihr nur in Eurem Innern, nie im Äussern. Daher ist es wichtig, dass Ihr Euch bemüht und Euch klar seid, zu Eurem eigenen Zentrum zu gelangen und dort die Einheit, mit allem was ist, zu spüren.

15. Mai

Sucht Eure eigene „Technik“, für meditative Übungen; lasst Euch nicht von Artikeln, Büchern usw. zu der einen oder anderen Richtung überreden. Im Endeffekt sind es einfach Hilfsmittel, welche Euch unterstützen sollen. Es soll nicht so sein, dass all diese Techniken Euch beherrschen, sondern dass Ihr die Techniken als Hilfen einsetzt (aber nur wenn Ihr wollt und sie braucht).

16. Mai

Vielfach sehen die Menschen auch den Sinn im Ganzen nicht und verstehen nicht, was mit ihnen geschieht. Erst wenn sie ihr jetziges Leben aus grosser ganzheitlicher Sicht anschauen, beginnen sie zu erahnen,- noch nicht zu verstehen,- welcher Plan, welcher Sinn hinter all dem steckt.

17. Mai

Irgendeinmal werdet Ihr wieder nach Hause zurück kommen. Es ist oftmals ein langer und beschwerlicher Weg, viele, scheinbar grosse Steine, versperren den Weg. Aber wenn Ihr diesen Weg geht, Euch immer wieder bewusst seid und macht, worum es eigentlich geht, werden diese Steine plötzlich kleiner.

18. Mai

Fehlt Euch die Klarheit, kann sich das Chaotische ausbreiten. Dieses Chaos wirkt der Klarheit entgegen und Ihr werdet zum Spielball von irgendwelchen Mächten. Es ist nicht so, dass jeder, dem die Klarheit abgeht, dann automatisch für die dunkle Seite arbeitet. Nein, vielmehr ist es so, dass sich diese Person von jeder Seite und von jeder Ebene einspannen lässt, je nachdem wer gerade "am Drücker" ist. Dieses Wesen lässt sich treiben wie ein Schiff auf dem Wasser, es nimmt seinen Weg nicht mehr in die eigenen Hände. Daher wird ein solches Wesen auf seinem Weg auch nicht weiterkommen, es ist ständig geplagt von Zweifeln, geht einen Schritt in die eine Richtung, lässt sich dann wieder in eine andere stossen.

19. Mai

Rhythmus im Leben hat viel mit Klarheit zu tun. Es braucht Eure Klarheit, damit Ihr die Euch umgebenden Rhythmen und Gesetzmässigkeiten überhaupt erfassen könnt. Erst wenn Ihr sie wirklich in ihrer Ganzheit erfasst habt, könnt Ihr mit ihnen leben und Euch danach ausrichten.

20. Mai

Sucht die Verbundenheit mit der Erde, mit der Natur die Euch umgibt. Lernt die Gaben der Natur wieder schätzen und freut Euch an den Schönheiten, welche die Natur, die Erde, hervorbringt.

21. Mai

Spürt in Eurer Partnerschaft immer wieder, was Ihr an Eurem Partner habt; freut Euch mit ihm und lasst ihn auch an Eurer Freude teilhaben.

22. Mai

Naturvölker haben die Erde immer als Wesen gesehen. Für sie war es immer die Mutter Erde, welche sie nährte, behütete und zu der sie Sorge tragen mussten. Diese Sorge galt auch den Kindern der Erde, der ganzen Natur - angefangen vom Stein, über die Pflanzen, Tiere bis zum Menschen. Jawohl - im gewissen Sinne seid auch Ihr Kinder der Erde. Vielleicht ist dies am ehesten mit dem wissenschaftlichen Begriff des Ökosystems zu vergleichen; auch da greift alles ineinander, ist alles verbunden miteinander.

23. Mai

Engelwesen sind so etwas wie Eure Feuerwehr: sie sind die ersten auf dem Platz, greifen ein und verhindern weiteres Unglück. Danach schützen sie das, was noch steht und bauen zum Schluss das Ganze wieder auf. Diese Arbeiten werden im ätherischen Bereich von Engelhierarchien erledigt.

24. Mai

Lichtarbeit zu tun ist ein Grund zur Freude. Gibt es etwas Edleres, als mit dem reinsten Geschenk umzugehen, das es gibt? Die Freude darüber kann Euch beflügeln und Euer Herz weit öffnen. Dies sind beglückende Momente in Eurem Dasein.

25. Mai

Rhythmen folgen unter anderem einer Gesetzmässigkeit. Dies ist der Wechsel von Aktivität und Passivität. Für Euer tägliches Leben in der Materie, aber auch für Eure geistige Arbeit ist es nötig, dass Ihr diesen Wechsel beachtet und Euch danach richtet.

26. Mai

Das grosse Ganze ist ein Zusammenspiel vieler Kräfte und Energien. Ihr bildet mit Eurer Arbeit einen Teil des Ganzen. Es ist wie in einer Firma; auch da führen die Angestellten die ihnen aufgetragenen Pflichten in eigener Verantwortung aus. Es geht nicht, dass sie vor jedem Entscheid zum Chef rennen und erst dann etwas unternehmen, wenn dieser ja oder nein gesagt hat. Im Alltag sind entscheidungsfreudige und handlungsfähige Mitarbeiterinnen und Mitarbeiter gefragt. Habt Ihr das Gefühl, im grossen Ganzen sei dies anders? Nein, auch hier sind aktive und selbständige Mitarbeiter gefragt.

27. Mai

Der Rhythmus ist die Wellenbewegung, das Beständige. In diesem geht das Ganze seinen Gang. Aber es ist immer wieder nötig, auf gewisse Situationen zu reagieren, also gegen die Wellen zu schwimmen. Hier müsst Ihr mit Eurem Herzen hören, aus Euch heraus spüren. Dann kann es sein, dass Ihr etwas tut, was dem Rhythmus entgegenläuft.

28. Mai

Freude lässt sich bei jeder Arbeit verspüren. Sicher erwartet niemand, dass nun alle laut zu jubeln beginnen, wenn sie eine gleichförmige Arbeit tun dürfen. Es geht ja nicht um die Arbeit selbst, sondern um das Bewusstsein, mit dieser Arbeit etwas zu einem grossen Ganzen beizutragen. Mit diesem Bewusstsein ist keine Tätigkeit wichtiger als die andere, sondern es ist eine Arbeit. Nun könnt Ihr vielleicht auch erahnen, wieso die Freude so wichtig ist. Wenn Ihr freudvoll an eine Tätigkeit herangeht, gebt Ihr diese Seelenqualität in das entstehende Produkt. Ihr macht also Lichtarbeit im wahrsten Sinne des Wortes, indem Ihr mithelft, Freude zu verbreiten. Nun werdet Ihr wahrscheinlich merken, dass es nicht so darauf ankommt, ob Ihr nun diese oder jene Tätigkeit ausführt, die Hauptsache ist, Ihr geht es mit Freude an.

29. Mai

Achtet darauf, dass sich in Eurem Lebensrhythmus das Materielle und das Geistige die Waage halten. Ihr könnt Euch nicht stundenlang mit sogenannt geistigen Dingen beschäftigen. Nein, Ihr braucht einen Ausgleich. Im Alltag leuchtet Euch das ein. Ihr wisst, dass Ihr Probleme bekommt, wenn Ihr nur immer am Schreibtisch hockt und Euch nicht auch körperlich beschäftigt. Hier sucht Ihr einen Ausgleich, Ihr treibt Sport, geht spazieren... Genauso verhält es sich auch mit der geistigen Arbeit. Auch hier braucht es Pausen, Abwechslung - sonst ziehen sich zu viele Eurer Teile von der Erde zurück und Ihr bekommt, wen erstaunt's - Erdungsprobleme.

30. Mai

Alle Lebewesen, vor allem Kinder und Jugendliche, brauchen Grenzen, wenn sie sich zu verantwortungsbewussten Menschen entwickeln sollen. Oftmals wird in der heutigen Zeit diese wichtige Tatsache vergessen oder einfach ignoriert.

31. Mai

Es gibt nicht nur Engelwesen, welche für einzelne Menschen zuständig sind. Viele Engel haben ganz spezielle Aufgabenbereiche. Es gibt für alles eine Engelgruppe. Diese Gruppen könnt und dürft Ihr um Hilfe bitten. Dabei ist es nicht nötig, dass Ihr die genaue Bezeichnung der Engelgruppe kennt. Viel wichtiger ist, dass Ihr mit reinem Herzen und in bedingungsloser Art die für dieses Problem zuständigen Engel um Hilfe bittet.

JUNI

1. Juni

Es ist eine weit verbreitete Annahme, dass meditieren heisse, auf einer rosa Wolke sanft „den Niederungen der Materie zu entschweben“ und sich nur noch dem Geistigen zu widmen. Nein - es ist nicht so, denn wir brauchen inkarnierte Wesen, welche unsere gemeinsamen Anliegen in der Materie vertreten und mit beiden Beinen auf dem Boden stehen (ohne sich allerdings von der Materie beherrschen zu lassen). Nur durch solche Wesen können Energien zur Erde fliessen.

2. Juni

Jedes Wesen ist mit einem grossartigen Geschenk betraut worden. Dieses Geschenk hat aber auch eine sehr gefährliche Seite. Es ist der freie Wille, den jedes Wesen in sich trägt. Mit diesem freien Willen kann jedes Wesen selbst entscheiden, ob, wann und wohin es gehen will. Dieses Geschenk war nötig, denn nur die Erfahrung, wie man sich aus freiem Willen wieder aus der Materie löst, interessierte. Allerdings ist eben gerade dieses Geschenk für sehr viele Wesen zum Stolperstein geworden und sie haben sich aus freiem Willen der Materie untergeordnet.

3. Juni

Vordergründig suchen viele Menschen nach dem Sinn des Lebens. Dabei ist dieser so einfach zu finden. Jeder Mensch geht, seiner göttlichen Bestimmung gemäss, wieder zurück zum Ursprung, wieder zurück nach Hause.

4. Juni

Viele Ängste haben ihren Ursprung in Eurem Zweifeln. Je mehr Ihr zweifelt am grossen göttlichen Plan, um so mehr ist es möglich, dass sich Angst ausbreitet. Der Zweifel ist ein guter Nährboden für die Angst. Richtet auch hier wieder Euren Blick auf das grosse Ziel und handelt danach - ohne Zweifel im Herzen.

5. Juni

Bescheidenheit heisst in seiner Grundbedeutung, seine Hilfsmittel gezielt und effizient einsetzen. Jeder Mensch ist mit Fähigkeiten und Hilfsmitteln in diese Inkarnation gekommen. Diese Hilfsmittel sind genau auf seine Aufgabe zugeschnitten, jeder hat das, was er für *seinen* Weg braucht.

6. Juni

Grenzen stellen den Kindern einen Raum zur Verfügung, in dem sie sich gefahrlos bewegen können. Sie müssen so weit oder so eng gesteckt sein, dass die Kinder mit ihrer Eigenverantwortung jede Entscheidung für sich treffen können. Wenn aber die Grenzen zu weit sind, wird das Kind überfordert. Es wird mit Sachverhalten konfrontiert, welche es nicht überschauen kann und eine Entscheidung wird dann unmöglich.

7. Juni

Die Jahreszeiten symbolisieren in einem grösseren Bereich im Sommer das Werden und Wachsen, also das Aktive, das Nach-aussen-treten, sowie im Winter das Zurückgehen und Sterben, das Passive, das Nach-innen-gehen. Die Natur lebt in diesem Rhythmus. Schaut Euch die Pflanzen an. Sie wachsen und gedeihen im Frühling, tragen anschliessend Früchte und ziehen im Herbst ihre Säfte und Kräfte zurück oder sterben, um im Winter eine Ruhephase einzulegen. Diesen Kreislauf beobachten wir überall in der Natur. Es ist ein Zurückgehen, ein Sich-sammeln und dann ein Nach-aussen-treten, ein Aufblühen und Wachsen.

8. Juni

Harmonische Musik (ein ganz schwacher Abglanz der himmlichen Sphärenmusik) in Eurer Umgebung hilft mit, eine Atmosphäre der Reinheit zu verbreiten. Auch damit zieht Ihr freud- und lichtvolle Wesen an. Nehmt Musik, die Euch gefällt, Euch Freude bereitet. Sie kann ruhig auch einmal etwas schneller sein (zB Volksmusik aus den südlicheren Ländern, welche Lebensfreude ausstrahlt). Musik von Mozart ist wegen ihrer Harmonie sehr geeignet.

9. Juni

Viele von Euch erfahren immer wieder eine tiefe Sehnsucht. Oftmals wisst Ihr nicht, wonach und warum. Dies ist in den meisten Fällen die Sehnsucht nach der Einheit, also nach dem Zurückgehen. Diese Sehnsucht fühlt Ihr mit und in Eurem Herzen, und zwar immer dann, wenn Ihr voll und ganz in Eurem Herzen zentriert seid. Denn nur dann erlebt Ihr das Trennende in der Dualität, und somit in der Materie, in der vollen Auswirkung. Dann taucht eben der Wunsch wieder verstärkt auf, in die Einheit zurückzugehen, das Trennende hinter sich zu lassen und die Einheit zu erleben. Diese Sehnsucht begleitet Euch und ist zugleich auch ein Motor für Eure Bemühungen, Euer Ziel zu erreichen.

10. Juni

Der persönliche Helfer ist zuständig für Euer Wohlergehen, immer abgestimmt mit dem grossen Plan. Das heisst nicht, dass er verantwortlich ist, dass immer genügend Suppe im Topf ist. Nein, er beschäftigt sich mit dem seelischen Wohlergehen und Weiterkommen und hilft Euch immer wieder, Euren Weg zu finden. Oftmals greift er aber auch ein, wenn Notsituationen entstehen. In sehr schwierigen Fällen holt er weitere Helfer, damit sie gemeinsam der Gefahr begegnen können. Vor allem bei Kindern ist dies oft sehr deutlich spürbar, denn Kinder haben meist ein sehr natürliches Verhältnis zu ihrem Schutzengel und rufen ihn auch um Hilfe an, wenn es nötig ist.

11. JUNI

Wenn die Reinheit vorhanden ist, könnt Ihr praktische Lichtarbeit nach aussen tun. Durch Eure Reinheit könnt Ihr Licht aufnehmen und es rein wieder weitergeben. Euer Bewusstsein hat nun Zugang zu diesen Quellen und sie erreichen Euch. Der Intellekt kann Euch hier nicht mehr begleiten oder sogar führen. Ihr arbeitet nun in Dimensionen, welche über diejenigen des Intellekts, des Kopfes hinausgehen. Daher müsst Ihr Euch mit Bildern behelfen, die in Euch entstehen. Diese Bilder regen Euer Bewusstsein an, die nötigen energetischen Schritte einzuleiten. Dies tönt vielleicht sehr kompliziert, ist es aber gar nicht. Bedenkt immer, der Lichtarbeit sind keine Grenzen gesetzt.

12. Juni

Engel sind, wie Ihr gesehen habt, Wesen, welche sich darin auszeichnen, dass sie die bedingungslose Liebe leben - nicht zwei Mal am Tag, sondern immer. Sie ist ein Teil ihrer selbst geworden. Trotz Gefahren, welchen sie sich aussetzen, sind sie immer bereit zu helfen - zum Wohle des Grossen Ganzen.

13. Juni

Klarheit heisst nicht, dass Ihr stur Euren einmal ins Auge gefassten Weg gehen müsst. Überprüft diesen Weg immer wieder und vertraut dabei auf Eure Helfer.

14. Juni

Eine lautere Lebensweise habt Ihr dann, wenn diese Qualitäten in Euch sind, wenn Ihr von Euch aus, aus dem *Herzen* heraus, auf diesem Fundament baut. Da braucht es den Kopf nicht zum Entscheiden. Nein, das Herz lenkt und stellt persönliches Machtstreben und Egotrips auf die Seite.

15. Juni

Arbeitet an Eurer eigenen Reinheit, damit Ihr Eure Fähigkeit, mit dem Herzen zu spüren, immer weiter ausbauen könnt. Die Reinheit ist für das Spüren mit dem Herzen von grosser Wichtigkeit. Habt Vertrauen in Euch selbst, lasst Euer Herz sprechen und folgt dann Eurer inneren Stimme.

16. Juni

Seid Euch im Klaren, dass Ihr die Hilfen der Engel nicht im materiellen Bereiche finden werdet. Ihr würdet vergebens versuchen, mit Hilfe der Engel Geld auf Euer Bankkonto anzuhäufen. Wenn Ihr aber in materiellen Nöten seid, die Eurer Aufgabe im Wege stehen, dann ist es möglich, dass Engelwesen Euch auf einen anderen Weg führen können. Aber niemals werden sie Hilfe bieten zu persönlicher Machtbereicherung, egal in welcher Art, denn das Beherrschen ist ihnen ein Greuel.

17. Juni

Bedenkt immer, eine wirkliche Partnerschaft ist nicht einfach nur eine Verbindung für einige Jahre, sondern für ein ganzes Leben. Jeder Abschnitt einer Beziehung braucht ihre besondere Pflege. Lasst hier Eurem Einfallsreichtum freien Lauf.

18. Juni

Das Lösen von Verstrickungen erfordert die Arbeit mit dem Bewusstsein. In sehr vielen Fällen ist der erste und wichtigste Schritt das Verzeihen. Es ist praktisch die Grundlage, auf dem eine Lösung überhaupt möglich ist.

19. Juni

Jedes Wesen, jeder Mensch wurde mit einer Fülle von Hilfsmitteln auf seinen Weg geschickt. Wir lassen unsere Mitarbeiter nicht ohne Vorbereitung und ohne Ausrüstung auf ihr grosses Abenteuer in die Materie ziehen. Von unserer Seite aus wird alles nur mögliche getan, damit jedes Wesen ideal gerüstet seinen Weg durch die Inkarnation gehen kann.

20. Juni

Scheut Euch nicht, die Engel zu rufen, denn sie helfen sehr gerne. Sie können und dürfen aber nicht von sich aus eingreifen oder "aktiv" werden, wenn sie nicht gerufen werden. Auch dies ist eine Form der Bedingungslosigkeit. Wenn jemand sich verrennen will, einen Umweg machen oder sogar zurückgehen will, dann soll er es tun dürfen. Der freie Wille steht über allem und wird von diesen Engelwesen akzeptiert.

21. Juni

Arbeitet immer wieder mit der Sonne. Diese Arbeit kann nicht genug getan werden. Verbindet Euch mit der Sonne, füllt Euch, eine andere Person, einen Raum, eine Gegend oder ein ganzes Land mit dem Sonnenlicht. Füllt auch Personen, die Euch Steine in den Weg legen, die es schwer haben, die depressiv sind oder die Euch einfach in den Sinn kommen. Die Verbindung mit der Sonne erweist sich als wahre Kostbarkeit, sooft Ihr Lichtarbeit leistet.

22. Juni

Oft wird die Ansicht vertreten, dass Meditation eine Technik sei, mit der man direkt mit der geistigen Welt in Verbindung treten könne. Dies hat aber nichts mit Meditieren zu tun. Sicher braucht es eine gewisse Ruhe, um eine Verbindung mit uns, der geistigen Welt, aufbauen und aufrecht erhalten zu können. Aber die Ruhe einer Meditation führt nicht zu uns, sondern zu sich selbst; sie führt nicht nach aussen, sondern nach innen, in Euer Zentrum.

23. Juni

Eure eigene Erdung ist die Grundlage für Euer Sein in der Materie. Nur wenn diese Verbindung vorhanden ist, können Energien durch Euch zur Erde fliessen. Umgekehrt ist es auch nur mit einer guten Erdverbundenheit möglich, Impulse und Verbindungen aus und mit der geistigen Welt bewusst umsetzen zu können. Ihr seht, es lohnt sich an diesem Thema zu arbeiten.

24. Juni

Arbeitet an Eurer Reinheit. Dadurch helft Ihr mit, Verunreinigungen von der Erde fernzuhalten. Gleichzeitig seid Ihr aber in einem immer grösser werdenden Masse fähig, Verunreinigungen von aussen, auch von der Erde, aufzunehmen und zu transformieren. Damit helft Ihr der Erde sehr.

25. Juni

Braucht Ihr auch Zäune und Abgrenzungen? Diese Fragen müssen wir, was vielleicht viele erstaunen wird, mit einem klaren Ja beantworten. Jeder Mensch braucht seine Grenzen; nur sind diese nicht sichtbar, wie Schlagbäume, Zäune oder Absperrungen. Dem Menschen werden die Grenzen über sein Verantwortungsbewusstsein vermittelt. Dieses bestimmt, wo die Grenzen des einzelnen liegen.

26. Juni

Verzeiht Euch selbst, bedingungslos, rückhaltlos, ohne Wenn und Aber. Damit akzeptiert Ihr euer eigenes Wesen, so wie es ist. Es ist zudem auch der Beginn Eurer Arbeit an Euch selbst.

27. Juni

Es gibt viele Umschreibungen der Tatsache, dass es oben und unten keine Unterschiede gibt. In jeder Kultur wird sie anders formuliert, der Inhalt bleibt aber immer der gleiche .

- So wie unten, so oben - so wie oben, so unten
- Wie im Himmel, also auch auf Erden

All diese Worte besagen im Grund nur, dass es keinerlei Unterschiede zwischen der geistigen und der physisch inkarnierten Ebene gibt, was die Konsequenzen von Handlungen und von versäumten Handlungen betrifft.

28. Juni

Ihr fragt Euch zu Recht, ob es denn keine wirklich absolut gültigen Wahrheiten gibt. Doch, die gibt es und um diese grossen Wahrheiten geht es letztendlich auf Eurem Weg. Ihr ahnt schon, um was es sich handeln könnte. Es geht um die fünf Seelenqualitäten, um die Freude, die bedingungslose Liebe, die Demut, die Bescheidenheit und um die Wahrheit - Selbstehrlichkeit. Dies sind die Messlatten, an denen Ihr Euer Denken und Euer Tun messen sollt. Alles was Ihr tut, soll diese Qualitäten in Euch fördern.

29. Juni

Das Wichtigste, um Dogmen zu verhindern, ist, dass Ihr Euer Leben bewusst lebt und auch erkennt, dass sich jeder Mensch auf einer Reise befindet. Diese Reise führt vom Ursprung durch die Materie und wieder zurück nach Hause zum Ursprung. Es sollte Euch klar sein, dass nicht jedes Wesen am genau gleichen Punkt seiner Reise steht; einige sind schon weiter, andere hängen noch etwas zurück. Erkennt also, dass jedes Wesen seine eigenen, seine speziellen Bedingungen innerhalb dieser grossen Reise hat.

30. Juni

Euer Weg geht immer weiter. Ihr geratet dabei in Abschnitte, wo es - für kürzere oder längere Zeit - Bergschuhe, Rennschuhe, Sandalen oder auch gar keine Schuhe braucht. Das Wichtigste ist, dass Ihr immer das richtige, das heisst, das der Situation angepasste Hilfsmittel habt. Es wäre ein Unding, in der Ebene mit schweren Bergschuhen zu wandern, wenn ein leichter Schuh genügen würde. Ja, es geht so weit, dass Euch dieser Bergschuh behindert, wenn er am falschen Ort eingesetzt wird.

JULI

1. Juli

Versucht auch immer wieder, Eure feinstofflichen Körper, vor allem den Emotionalkörper, mit Licht und Farben aufzuhellen. Schliesst dazu Eure Augen und lasst Licht in diese Schichten einfliessen. Tut dies so lange, bis Ihr spürt, dass die entsprechenden Stellen wieder hell werden.

2. Juli

Stellt Eure Erwartungen zurück, wenn Ihr die Engel um Hilfe ruft. Es muss nicht so kommen, wie Ihr Euch das vorstellt. Ihr könnt diesen Helfern nicht Euer Patentrezept aufdrängen, - sie helfen auf ihre Weise. Im Nachhinein erweist sich ihre Art und Weise meistens als die beste, die effizienteste. Also bittet nicht um konkrete Hilfestellungen im materiellen Bereich, sondern übergebt ihnen das Problem.

3. Juli

Setzt Euch mit Eurem Partner/Partnerin immer wieder zusammen und sprecht miteinander, lasst nicht zu, dass Ihr Euch vormacht, Ihr wisset genau, wie Euer Partner auf eine Situation reagiert, und daher bräuchtet Ihr ja gar nicht mehr zu fragen. Sprecht miteinander und vertraut einander.

4. Juli

Rhythmen sind nie Fesseln, Einengendes, Dogmen. Wer dies erkannt hat, wird nie das Gefühl haben, er müsse auf irgend etwas verzichten oder er müsse etwas tun, was er nicht will. Nein, wer wirklich im Rhythmus lebt, der ist eingebettet im grossen Ganzen und schwingt mit im grossen Sein, welches alles umgibt und durchdringt.

5. Juli

Nehmt Euren Helfer immer mit Euch; gewöhnt Euch an, Euren pesönlichen Begleiter immer zu bitten, dass er Euch in jeder Lebenslage beisteht und Euch Rükkendeckung gibt. Wenn Ihr diese Brücke schlagt, ist es viel einfacher für Euren Schutzengel, Euch zu helfen und Euch ganz nahe zu sein. Es liegt an Euch, in welcher Nähe Ihr Euren Helfer spüren möchtet.

6. Juli

Ihr müsst auch an Eurer Reinheit arbeiten. Es reicht nicht aus, drei Seminare zu besuchen und zwei Laufmeter esoterische Literatur zu lesen. - Nein, Ihr müsst Eure Lebensweise hinterfragen, Eure Taten, Eure Gedanken anschauen und bei Euch mit der Arbeit beginnen. Reinheit ist ein Prozess - Ihr könnt daran wachsen und Euch Eurer selbst immer bewusster werden. Damit wird Euch wiederum klar, welchen Stellenwert die Reinheit sowohl in Eurer Entwicklung als auch in Verbindung mit Eurer Lichtarbeit einnimmt.

7. JULI

Das ganze Leben ist von Rhythmus geprägt - vom Kleinsten bis zum Grössten. Um diese Rhythmen zu erkennen, braucht Ihr nur in das Buch der Natur zu schauen. Sucht diese Rhythmen, damit Ihr besser versteht, was es heisst, im Einklang mit dem grossen Ganzen zu leben, im Einklang mit der Sphärenmusik zu schwingen.

8. JULI

Der Begriff Spiritualität sagt nichts aus über den Entwicklungsstand eines Wesens; es gibt nicht mehr oder weniger spirituelle Menschen, sondern es gibt nur solche, die den Weg zur geistigen Welt gehen und solche, die im materiellen Umfeld ihres Denkens bleiben.

9. Juli

Die Erdung hat auf Euer Wohlergehen einen grossen Einfluss. Aber auch für Euer Weitergehen im spirituellen Bereich ist die Erdung ein sehr wichtiger Punkt. Um nämlich seinen Weg gehen zu können, braucht es Klarheit. Diese Klarheit ist aber nur möglich, wenn Ihr geerdet seid, wenn Ihr mit beiden Beinen auf der Erde steht. Dann nämlich verliert Ihr auch nie den Bezug zur materiellen Realität, Ihr könnt abschätzen, in welchen Ebenen was möglich ist. Dies ist für Eure Arbeit sehr wichtig.

10. Juli

Was heisst Klarheit eigentlich? Diese Qualität besagt, dass die Handlungen, das Denken und das Verhalten eines Wesens geprägt sind von Zielstrebigkeit und Verantwortungsbewusstsein sich selbst und der Umgebung gegenüber. Es zeigt an, dass ein Wesen, aufgrund von Erfahrungen und Überlegungen seinen Weg und sein Ziel kennt und dass es diesen Weg auch geht. Die letztendliche Klarheit wird dann so gross sein, dass dieses Wesen wirklich alles klar sieht, dass die ganze Schöpfung sich klar, transparent, ohne versteckte Teile offenbart.

11. Juli

Seid Euch bewusst, dass alle Ebenen an der Heilung der Erde mitarbeiten. Vereint werden wir es schaffen dieses Ziel zu erreichen und wieder Eins zu werden im Ursprung, im Paradies.

12. Juli

Gerade bei Institutionen, welche Toleranz und Gemeinsamkeit pflegen wollen, haben sich im Laufe ihrer Geschichte soviele Dogmen breit gemacht, dass diese nur noch das Trennende aufzeigen. Das Verbindende, nämlich das spirituelle, also das Glauben und Achten der geistigen Werte sowie auch den Anders - Denkenden, erstickt manchmal hinter den selbst aufgebauten Trennungsmauern. Macht bitte nicht die gleichen Fehler und ersetzt fremde Dogmen durch eigene, sondern nehmt auch hier die Essenz, die noch da ist und baut sie in Euren Alltag ein.

13. Juli

Mit Engeln in Kontakt zu treten ist jederzeit möglich. Ihr braucht dazu lediglich eine Brücke zu bauen. Jedermann ist in der Lage, mit den Engeln zu "sprechen". Es braucht dazu nur wenige Bedingungen. Ihr müsst Vertrauen haben zu diesen wunderbaren, bedingungslosen Wesen. Dieses Euer Vertrauen ist für sie wie ein Signal, es signalisiert dauernd Eure Bitte, Euch beizustehen. Dies ist auch der Grund, weshalb Kinder sehr viel näher mit den Engelwesen verbunden sind als viele Erwachsene, denn sie akzeptieren die Engel einfach so, wie sie sie wahrnehmen. Sie vertrauen ihnen von Herzen, ohne viele Worte. Dies ist der beste Weg, um mit Engelwesen in Kontakt zu treten.

14. JULI

Eine Möglichkeit, den Energiekreislauf zum Fliessen zu bringen, ist das Ziehen einer grossen Acht. Dabei steht Ihr aufrecht und beginnt in der Höhe des Solar Plexus. Von hier aus führt Ihr beide Händen nach rechts oben, macht einen Bogen nach links oben und kehrt dann zurück zum Solar Plexus. Nun macht Ihr das Gleiche in der unteren Körperhälfte. Ihr geht nach rechts unten, zieht den Bogen nach links unten und kommt mit Euren Händen zurück zum Solar Plexus. Das Ganze geschieht in einer fliessenden Bewegung. Dies könnt Ihr mehrere Male hintereinander tun.

15. Juli

Verzeiht allen, die Euch in irgendeiner Art und Weise zu irgendeinem Zeitpunkt etwas zuleide getan haben. Dies ist ein Akt von bedingungsloser Liebe und Freude. Auch hier gibt es keine Wenn und Aber, keinerlei Einschränkungen und Ausnahmen.

16. Juli

Die Hauptanforderung an jede Form von feinstofflichen Hilfsmitteln muss sein, dass sie zum Wohle des Ganzen und des Einzelnen gereicht. Nur wenn diese Hilfen in bedingungsloser Liebe eingesetzt werden, nur dann entsprechen sie den heutigen Anforderungen.

17. Juli

Es ist falsch, einen Weg als den einzig richtigen zu bezeichnen. Nicht jeder Weg ist für jedes Wesen geeignet. Im Materiellen wird dies selbstverständlich akzeptiert. Wer gerne wandert, geht zu Fuss; wer gerne in die Pedalen tritt, fährt mit dem Velo und ein anderer benutzt den Zug. Keiner dieser verschiedenen Wege ist der bessere, denn alle führen zum Ziel, und für jeden Menschen kann ein anderer der optimale Weg sein.

18. Juli

Löst Euch von Euren Vorstellungen, wie Engel sein sollten. Diese Wesen sind so, wie sie sind. Nehmt die Tatsache, dass es Engel gibt, einfach mit Eurem Herzen an und versucht nicht, Euch mentale Bilder über Aussehen und Struktur der Engelwesen aufzubauen. Eure Helfer passen sich nicht dem Bild an, das Ihr von ihnen erschafft. Nein, sie sind, wie sie sind; nicht mehr und nicht weniger. Da sich vieles, was die Engelwesen betrifft, in Dimensionen abspielt, die Ihr mit Eurem dreidimensionalen Verstand nicht erfassen könnt, seid Ihr auch nicht in der Lage, bis ins letzte Detail zu erkennen, was Engel denn eigentlich sind. Dies müsst Ihr aber auch nicht, wenn Ihr sie mit Eurem Herzen fühlt und sie ohne intellektuelles Wissen akzeptiert.

19. Juli

Bindet Euch nicht zu stark an Eure Kinder. Die Kinder sind Euch anvertraut, sie können und dürfen aber nie den Partner ersetzen, was leider zu oft der Fall ist. Bedenkt immer, dass das Ziel einer Ehe eine Verbindung für das ganze Leben ist; Eure Kinder verlassen aber nach ca. 20 Jahren das Haus. Das Licht in Eurer Ehe sollte aber auch nach 20 Jahren noch leuchten. Dafür müsst Ihr es jedoch immer wieder nähren. Tut Ihr dies nicht, so ist es schwierig, nachdem die Kinder das Haus verlassen haben, die Beziehung neu zu beleben, wenn der Partner über lange Zeit von den Kindern verdrängt worden ist.

20. JULI

Die Engel helfen sehr gerne - sie haben sich zu diesem Dienst bereit erklärt, es ist ihre selbstgewählte Aufgabe. Habt keine Bedenken, wenn Ihr Eure Freunde um Hilfe ruft. Es ist ihnen nicht lästig, Ihr stört sie nicht bei irgendetwas. Im Gegenteil: mit Eurem Bitten, Eurem Rufen um Hilfe baut Ihr eine Brücke. Ueber diese Brücke ist es wesentlich einfacher für sie, für Euch da zu sein. Für sie ist es eine grosse Freude, wenn Ihr sie wahrnehmt und sie um ihre Hilfe bittet. Dann nämlich können sie ihrer Arbeit nachgehen, dann können sie das tun, was sie sehr gerne tun, nämlich helfen.

21. Juli

Wenn Materie von bleibendem Wert wäre, müsste es ja möglich sein, materielle Güter von einer Ebene in die andere mitzunehmen; Ihr müsstet also über den Tod hinaus die Möglichkeit haben, Dinge bei Euch zu behalten und diese dann bei der Geburt wieder mitzunehmen. Stellt Euch vor, der Säugling käme mit Taschen zur Welt! Dass dies nicht so ist, seht Ihr bei jeder Geburt. Was Ihr hingegen mitnehmt und in der nächsten Inkarnation wieder zur Verfügung habt, sind geistige Güter, Qualitäten und Tugenden, die Ihr Euch in früheren Inkarnationen erworben habt - aber diese sind materiell nicht fassbar.

22. Juli

Wenn Ihr Euch auf den Weg zur Sonne, beziehungsweise zu dem, was hinter der Sonne steht, macht, mit dem Wissen, dass Ihr dorthin wollt, kommt Ihr auch dort an. Macht Ihr Euch aber auf diesen Weg und seid Euch nicht vorher klar geworden, wohin Ihr wollt, irrt Ihr umher und findet die Sonne nicht. Ihr findet sie nicht, auch wenn es Eure Seelenaufgabe wäre, dorthin zu gelangen. Ihr irrt umher und verirrt Euch auf Eurem Weg.

23. Juli

Wenn Ihr Eure Augen, wir meinen vor allem die inneren Augen, öffnet, dann werdet Ihr Engel an den verschiedensten Orten und in den verschiedensten Situationen entdecken. Achtet Euch das nächste Mal, wenn Ihr aus dem Haus ins Freie tretet. Versucht in Euren Gedanken den Engeln der Erde, der Luft, des Wassers und des Feuers Eure guten Wünsche zu übermitteln. Ihr werdet sehen und spüren, dass die ganze Umgebung heller, leichter und freudiger wird. Versucht es und Ihr werdet staunen.

24. Juli

Wenn Ihr Euer Tun, und was ebenso wichtig ist, auch Euer Nichttun an den Qualitäten messt, sie als Grundlage Eures Wirkens nehmt, dann habt Ihr keine Bewertungen mehr nötig. Denn Euer Weg zurück führt nicht über Bewertungen von gut und böse, welche von Eurer Hand geschaffen wurden, sondern nur über die Qualitäten der Seele, die in jeder Lebenslage gelebt werden. Dann habt Ihr Euch über die Bewertung erhoben und diese Einheit erkannt.

25. Juli

Ihr müsst Euch - in wirklicher Selbstehrlichkeit - bewusst machen, dass Ihr auf die Erde gehört, dass Ihr diesen Weg gewählt habt und Euch zu Eurem Sein entschlossen habt. Manifestiert diesen Willen in aller Deutlichkeit! Sehr viele Probleme mit der Erdung rühren daher, dass die oben aufgeführten Punkte nicht akzeptiert werden. Sicher, es wird mit Worten beteuert, dass man dies alles will. Aber wenn dann irgend etwas geschieht, stellt sich heraus, dass es nur Lippenbekenntnisse waren.

26. Juli

Ihr habt auf Eurem Weg Hilfsmittel. Orientiert Euch in allen Lebenslagen an den fünf Seelenqualitäten :

Freude
Bedingungslose Liebe
Bescheidenheit
Demut
Wahrheit - Selbstehrlichkeit

Diese Wegweiser zeigen Euch die Richtung an, in der Euer Leben weiterführen soll. Sie führen zum Ursprung zurück.

27. Juli

Ihr alle habt Fähigkeiten und Qualitäten in Eure inkarnierte Form mitgebracht. Diese Fähigkeiten sind nicht einfach irgendwelche Geschenke, die von unserer Seite aus zufällig verteilt worden sind. Nein, es sind Hilfsmittel, welche Ihr Euch - zum Teil über Inkarnationen - erarbeitet habt. Ihr seid auf Eure jetzige Situation vorbereitet worden. Nun geht es darum, diese Erfahrungen und Fähigkeiten zum Wohle des grossen Ganzen auch einzusetzen. Lasst nicht zu, dass Ihr wartet und wartet, bis der „richtige“ Zeitpunkt kommt, Eure Fähigkeiten einzusetzen. Der „richtige“ Zeitpunkt wird nie kommen, wenn Ihr Euch nicht entscheidet. Ihr selbst bestimmt den richtigen Zeitpunkt mit Eurem Entscheid, Eure Aufgabe anzugehen und diese durch Taten zu untermauern.

28. JULI

Werdet Euch klar, dass Ihr im Einklang mit den grossen und kleinen Rhythmen des Seins leben wollt. Dies ist ein wichtiger Schritt, denn er bildet eine Art Fundament für Euer Weitergehen. Im weiteren macht Ihr Euch bewusst, dass Rhythmen keine Dogmen sind, sondern Hilfen, Leitplanken für Euren Weg. Sie erfüllen keinen Selbstzweck und stellen keine Ansprüche, sondern sie sind die Wellenbewegungen des Seins.

29. Juli

Die Wahrheit, oder vielmehr die Wahrheit mit sich selbst, also die *Selbstehrlichkeit* hilft Euch, klar zu erkennen, ob es um eine Sache geht oder um die eigene Person. Wenn Ihr diese Qualität beherrscht, bemerkt Ihr, wenn sich Euer Ego regt und sich aufzublähen beginnt. Dann könnt Ihr Euer Tun wieder korrigieren. Aber nur wenn Ihr in wirklicher Selbstehrlichkeit lebt, könnt Ihr dies auch erkennen; ansonsten korrigiert Ihr einfach Euer Weltbild.

30. Juli

Arbeitet mit der Schwingung der Farben. Stellt Euch die Person vor und füllt und umgebt sie mit einer Farbe. Schon der Gedanke an eine Person kann Euch den Impuls für eine bestimmte Farbe geben. Vertraut auf Eure Intuition. Füllt Euch oder eine andere Person so lange mit dieser "Farbe", bis Ihr das Gefühl habt, es sei nun genug. Gleich vorgehen könnt Ihr auch mit Musik und Düften. Nicht nur einzelne Menschen, sondern auch ganze Länder können diese Lichtarbeit nötig haben. Lasst Euch führen!

31. Juli

Wenn Ihr also Hilfsmittel einsetzen wollt, überlegt Euch vorher, macht Euch klar, was Ihr damit bewirken wollt. Dann werden sich Euch auch die richtigen Hilfsmittel zeigen, dann werden Euch die "richtigen" Kristalle anlachen, die "richtigen" Essenzen oder Öle bereit stehen. Dies ist aber nur möglich, wenn Ihr Klarheit darüber habt, was Ihr tun wollt.

August

1. August

Der Gedanke, dass alles machbar ist, dass jeder jede Aufgabe erfüllen kann, der ist falsch, sogar widersinnig. Jeder soll seine Aufgabe erfüllen, dazu ist er da. Ob nun diese Aufgabe in der gegenwärtigen Gesellschaft als angenehm, also ehrenvoll oder sogar ruhmreich betrachtet wird, ist im Endeffekt egal. Ihr fragt warum - ganz einfach, weil dies *Eure* Bewertungen sind, nicht unsere. Wir bewerten die erfüllten Aufgaben nach ganz anderen Kriterien. Daher sollte Euer Trachten nicht nach weltlichem Ruhm und nach Anerkennung der Massen sein, sondern nach Anerkennung in der geistigen Welt. Hier solltet Ihr Euch Achtung erwerben.

2. AUGUST

Ihr geht in einer dunklen Strasse und fühlt, wie die Angst in Euch hochschleicht: auch hier helfen die Engel gerne. Ruft sie um Hilfe an und sie "kommen" und begleiten Euch. Ihr werdet fühlen, wie die Angst nachlässt, denn Ihr seid ja nicht mehr alleine.

3. August

Es gibt viele Hilfen und Hilfsmittel, um seine Erdung zu pflegen; es braucht aber ein Fundament. Diese Grundlage könnt Ihr nicht mit irgendwelchen Übungen aufbauen, Ihr könnt sie Euch auch nicht einreiben oder mit dem Essen zu Euch nehmen. Nein - diese Grundlage müsst oder dürft Ihr Euch selbst erarbeiten; es ist auf den ersten Blick etwas ganz Einfaches; es ist das Jasagen zum Hier-sein.

4. August

Bittet alle um Verzeihung, denen Ihr in irgendeiner Art und Weise geschadet habt. Es geht nicht darum, seine Schuld zu bekennen, sondern um sich aus tiefstem Herzen einzugestehen, dass man Fehler begangen hat und auch zu diesen steht.

5. AUGUST

Eines dürft Ihr nicht vergessen: die Engel tun ihren Dienst ohne Erwartungen. Sie erwarten keinen Dank oder irgendeine Reaktion Eurerseits. Trotzdem ist es eine grosse Freude für sie, wenn sie spüren, dass sie bemerkt werden, dass ihre "Arbeit" geschätzt wird. Dies könnt Ihr am besten tun, indem Ihr Euren Helfern dankt.

6. August

Wenn Ihr den grossen Plan anseht und erkennt, worum es eigentlich geht, dann verliert die Angst viel von ihrem schrecklichen Gesicht. Habt Vertrauen in Euch und in uns, denn es stehen Euch viele Helfer zur Seite, die sich alle freuen, wenn sie Euch helfen dürfen.

7. AUGUST

Nehmt eine Handvoll Erde und lasst sie durch Eure Finger rieseln; spürt die Kraft und die bedingungslose Liebe, welche in ihr enthalten sind. Nur mit dieser Kraft, mit dieser Liebe ist es möglich, dass Tausende verschiedener Geschöpfe wachsen und gedeihen. Freut Euch an dieser Vielfalt und seid dankbar dafür.

8. August

Die Engel sind nicht auf Euren Dank angewiesen, aber es erleichtert ihnen ihre Arbeit. Wenn sie fühlen, dass ein Vertrauen, ein Akzeptiert sein da ist, ist es für sie viel einfacher, zu Euch hin zu wirken.

9. August

Macht Euch bewusst, dass die Erde wirklich eine Wesenheit ist. Viele Naturvölker bringen dies zum Ausdruck, indem sie von der Mutter Erde sprechen. Sie hegen und pflegen sie liebevoll und mit Achtung. Diese Menschen betrachten sich als Kinder der Erde und sie wissen, wenn es ihrer Mutter Erde schlecht geht, geht es auch ihren Kindern schlecht.

10. August

Es geht darum, in sich die verschiedenen Pole zu erkennen, sie zu finden und von diesem Moment an zu erkennen, dass dies nur Teile des Ganzen sind. Sucht nicht das Weibliche in Euch, sucht nicht das Männliche, sondern sucht alle Eure Pole und vereint sie zu einem Ganzen. Es wird immer viel von ganzheitlich gesprochen. Hier beginnt sie, in jedem von Euch. Sucht und findet in Euch den ganzen Menschen. Er besteht nicht aus 50 % weiblich und 50 % männlich, sondern er besteht aus 100 % ganzem Mensch.

11. AUGUST

Wie erwerbt Ihr Euch die Achtung der geistigen Welt? Indem Ihr in Demut lebt und handelt. Also indem Ihr Eure Aufgabe an Eurem Platz erfüllt und Euch nicht durch Bewertungen der Gesellschaft verunsichern lasst. Auch wenn Eure Umgebung den Kopf schüttelt, weil Ihr im materiellen Bereich nicht die grosse Priorität seht - Ihr lasst Euch davon nicht beirren. Ihr steht zu Euren Aufgaben und Ihr steht an Eurem Platz, das heisst, Ihr steht zu Euch selbst.

12. August

Wir benötigen Menschen, die wirklich gut verankert sind, mit beiden Beinen im Leben auf der Erde stehen - und aber mit Ihrem ganzen Sein die geistige Welt kennen, achten und in ihr wirken. Dies sind die wahren Helfer der Erde und der Menschen. Wir freuen uns, auch Dich zu diesen Mitarbeitern zu zählen. Was zu tun ist, sollte Dir klar sein!

13. August

Ihr müsst das Thema Erdung in jeder Faser Eures Seins spüren, aber so, dass Ihr nicht daran denken müsst, sondern so, dass es in Eurem Innersten verwurzelt ist, ja es kann gar nicht anders sein. So klar wie der Tag der Nacht folgt - ohne dass Ihr auch nur einen Gedanken daran verschwendet - so klar muss Euch sein, dass Ihr geerdet seid.

14. August

Nehmt Euch in Eurer Partnerschaft immer wieder Zeit, miteinander etwas Besonderes zu unternehmen. Organisiert Euch so, dass es möglich ist, hin und wieder einmal, am Abend, ganz gemütlich zu zweit bei Kerzenlicht Euer Lieblingsmenu zu essen. Lasst hier auch "alte Erinnerungen" aufkommen.

15. August

Grenzen setzen in der Erziehung heisst aber nicht, ein Kind zu verstossen, weil es nicht das macht, was die Eltern wollen. Nein, Grenzen setzen heisst, dass Eltern ihre Verantwortung in der Erziehung wahrnehmen, weil sie den grösseren Weitblick haben. Nie darf das Grenzen setzen ein Akt von Beherrschen, Machtdemonstration oder Unterdrückung sein. Es ist immer ein Zeichen der Liebe, der bedingungslosen Liebe und des Verantwortungsbewusstseins - es geschieht zum Wohle des Kindes und seiner Entwicklung.

16. AUGUST

Die beste Art, der Angst zu begegnen, ist, sie gar nicht entstehen zu lassen. Ihr werdet denken, das ist einfacher gesagt, als getan. Sicher ist es ein langer Weg dazu, aber wenn Ihr Euch bemüht, ein rechtschaffenes Leben zu leben und die Seelenqualitäten als Wegweiser benutzt, dann kommt Ihr auf diesem Weg ohne Angst ein grosses Stück weiter.

17. August

Salz fördert mit seiner kristallinen Struktur auch das Kristallisieren in Euch. Dazu eignet sich eine Badekur mit Meersalz oder aber das Baden im Meer.

18. August

Wenn Ihr einmal erkannt habt, dass Ihr auf Erden eine Aufgabe zu erledigen habt und dafür Hilfsmittel bekommt, dann wird es Euch einfacher erscheinen, der Materie wieder den ihr gebührenden Platz einzuräumen.

19. August

Nun taucht aber eine weitere Schwierigkeit auf. Das Auflösen von Verstrickungen setzt etwas sehr Wichtiges voraus, nämlich die Fähigkeit, verzeihen zu können - hier ist der Schlüssel zum Lösen. Erst wenn es Euch möglich ist, Euch selbst und allen anderen Wesen zu verzeihen, erst dann könnt Ihr Eure Verstrickungen auch wirklich lösen.

20. August

Reinheit und Intuition sind zwei Begriffe, welche sehr eng miteinander zusammenhängen. Mit Eurer Lebensweise bestimmt Ihr Eure feinstofflichen Begleiter. Diese Wesen begleiten Euch nicht nur, sie sind auch Eure Ratgeber. Nun ist es einfach zu verstehen, dass es wichtig ist, welche Ratgeber Euch umgeben.

21. August

Entwicklung, welche wir anstreben - ist ein stetiges Voranschreiten, nicht das plötzliche, mit der Brechstange erzwungene Vorwärtsstürmen. Der Vorteil der langsameren, aber stetigen Entwicklung ist der, dass sich alle Beteiligten (Ihr selbst, Eure Körper und Eure Umgebung) an die Veränderung gewöhnen können. Bei einer zu plötzlichen Entwicklung besteht die Gefahr, dass einzelne Teile (innerhalb oder ausserhalb von Euch) den Anschluss nicht finden - dies führt dann unweigerlich zu Turbulenzen. (Auch bei dieser „Regel" gibt es Ausnahmen, aber nicht jeder ist eine Ausnahme).

22. AUGUST

Hütet Euch vor Weltbildkorrekturen, hinterfragt immer wieder Eure eigene Verhaltensweise und beobachtet Euch selbst. Wenn Ihr in Eurem Verhalten Veränderungen gegenüber Personen oder Gruppierungen feststellt, geht in Euch und fragt Euch, was da los ist. Ist es die andere Person oder bin ich es?

23. August

Der Umgang mit Engeln ist in jedem Fall eine Sache des Herzens. Öffnet Euer Herz gegenüber diesen Wesen, Euren Helfern, und sie werden den Weg zu Euch finden. Die Öffnung geschieht nicht im Kopf, sondern in Eurem Herzen. Dort ist die Arbeitsstätte der Engel, dort können sie ihre heilende Wirkung entfalten. Denkt daran, die Engelwesen freuen sich.

24. August

Macht Euch am Morgen beim Aufstehen klar, dass Ihr den ganzen Tag über immer mit Eurer Mitte und somit mit Eurer inneren Ruhe in Verbindung bleiben wollt, dass Ihr diese Verbindung immer wieder aufbauen und daran arbeiten wollt. Wenn Ihr Euch dies klar gemacht habt, reicht tagsüber ein kurzer Impuls: „Achtung, ich will meine Mitte nicht verlieren“ und schon habt Ihr Euch wieder bemüht, die Verbindung aufzubauen und zu stärken.

25. August

Das Ausdehnen und seinen Platz Einnehmen hat viel mit Gewohnheit zu tun. Macht es Euch zu eigen, dass Ihr Euch jedes Mal, wenn Ihr einen Raum betretet, ausdehnt. Ihr werdet sehen, mit einiger Übung geht das sehr schnell, dann reicht es wenn Ihr beim Eintreten den Impuls „ausdehnen“ gebt. Am Schluss ist nicht einmal mehr das nötig, sondern es geschieht automatisch, weil es in Eurer Haltung ist.

26. August

Ein grosses Problem in der heutigen Zeit ist, dass viele Menschen nicht alle ihre Teile voll im Griff haben und gewisse Teile dadurch ein Eigenleben führen können. Dadurch entstehen viele Probleme und diese werden dann oftmals von einer Person zur anderen verschoben.

27. August

Jeder Mensch ist mit einer persönlichen Ebene ausgestattet - Ihr sagt Ego. Dieses Ego hat die Aufgabe, Euch am Leben zu erhalten, es ist also für den absolut natürlichen Selbsterhaltungstrieb verantwortlich. Wenn nun aber die Seelenqualitäten nicht Euer Sein durchdringen, oder Ihr Euch nicht wenigstens bemüht, sie zu leben, passiert es, dass das Ego ein Eigenleben führt - es bläht sich auf. Mit der Zeit steht das Ego nicht mehr in Eurem Dienst, sondern Ihr steht im Dienst des Egos. Dadurch bekommt das Leben eine egoistische Färbung. Alles wird nur aus Eurer Sicht heraus beurteilt - die primäre Frage dreht sich um Euch selbst, anstatt um das Wohl des Ganzen.

28. August

Nimmt ein Mensch seine Aufgabe nicht wahr, verunmöglicht er nicht nur sich, sondern vielen anderen Menschen ein Weiterkommen auf ihrem Weg. Diese kommen durch das fehlende Glied in der Kette nicht an die nötigen Impulse oder Informationen, die für ihre Arbeit ein Auslöser wären.

29. AUGUST

Geht behutsam mit den Menschen um, die wie eine Sonne für ihre Umgebung strahlen und die Zusammenhänge "nicht kennen". Sie kennen sie vielleicht nicht bewusst, nicht mit dem Kopf, aber vieles, sehr vieles ist ihnen im Herzen klar und sie leben danach und zwar ganz selbstverständlich.

30. AUGUST

Anfangs fühlten sich alle Wesen noch als Teil der Einheit, als Teil des Ganzen. Aber je tiefer sie die Materie erlebten, um so mehr ging dieses Bewusstsein verloren. Die Freude, welche bis anhin herrschte, wurde langsam abgelöst - das Leben wurde schwer und ernst. Gleichzeitig ging auch die Verbundenheit mit dem Ursprung immer mehr verloren. Es war nun die Materie, die ihre absolute Macht über die Menschen ausbreitete. Dies war nur möglich, weil die Verbundenheit mit der Einheit, dem Ursprung fehlte. Der Sinn des Lebens ging verloren, viele trugen das Gefühl in sich, einsam und verlassen zu sein. Aber nicht der Ursprung hat Euch verlassen, sondern Ihr habt die Verbindung mit dem Ursprung gelöst.

31. AUGUST

Es gibt auf Eurem Weg - in der Materie würdet Ihr dies Richtlinien nennen - Wegweiser, Hilfsmittel, Leitplanken, die Euch helfen, den Weg zurück zu gehen. Diese Hilfsmittel wurden von unserer Seite schon in verschiedensten Formen an Euch weitergegeben, es sind aber immer dieselben Grundqualitäten: die fünf Seelenqualitäten.

SEPTEMBER

1. September

Wenn Ihr eine ruhige Minute für Euch habt, geniesst die Stille und die Harmonie und "sprecht" in Gedanken mit den Engeln. "Erzählt" ihnen, was Euch erfreut oder was Euch Sorge macht. Sie "hören" Euch sicher zu. Erwartet aber nicht, dass Ihr mit ihnen diskutieren könnt. Sie haben andere Mittel, um sich Euch mitzuteilen. Gewöhnt Euch aber an, immer wieder in Euch hineinzuhören. Dann werdet Ihr plötzlich Veränderungen feststellen, sei es nun, dass Ihr ruhiger werdet, oder dass Ihr plötzlich klar denken könnt. So gibt es viele Wege, wie sich Eure Freunde und Helfer bemerkbar machen können.

2. SEPTEMBER

Wenn Ihr Lebenshaltungen entwickelt, werdet Ihr sie nie als Einschränkungen oder Verbote empfinden. Nein - es ist für Euch einfach so, es ist „normal“ und Ihr kommt gar nicht auf den Gedanken, dass es anders sein könnte. Ist aber, bezüglich eines Themas keine solche Haltung in Euch, dann werdet Ihr immer das Gefühl haben von aussen her eingeschränkt zu sein.

3. September

Meditieren wird oftmals als ein sich bedingungsloses Öffnen verstanden. Dies ist aber mit grossen Gefahren verbunden, weil dann Tür und Tor offen stehen und alles, wirklich alles, zu Euch kommen kann. Weiter herrscht die irrige Meinung, dass es sich, weil ja meditiert wird, nur um positive, um hoch schwingende Energien handeln kann. Dies ist aber ein grosser Irrtum, den offen heisst offen - und zwar für alles.

4. September

Viele von Euch koppeln Liebe mit Sexualität. Dies ergibt eine, für uns, ganz komische Mischung. Es entsteht eine besitzende Liebe. Liebe kann nie etwas zu tun haben mit Besitz, Liebe ist immer um der Liebe willen da. Sie ist ein Geschenk, welches wir alle spüren dürfen. Wie kann ein Mensch einem anderen gehören ? Wie kann ein Mensch von einem anderen verlangen oder ihn sogar dazu zwingen, nur noch für ihn da zu sein? Dies ist nicht möglich. Liebe heisst immer geben, nicht besitzen.

5. September

Was heisst Hochmut und was hat dieser mit Spiritualität zu tun? Hochmut ist das Bestreben, sich über andere zu stellen. Es ist auch der innere Drang, mehr sein zu wollen als andere. Dies führt dazu, dass man beginnt, über andere zu urteilen oder sie zu verurteilen. "Jedes Wesens, das mir nicht gleich ist, ist weniger wert; nur ich allein setze die Massstäbe fest, nach denen sich alle richten müssen."

6. September

Die Klarheit ist von grosser Wichtigkeit für Euren Weg und für Euer Schaffen auf der geistigen Ebene. Arbeitet daran in jeder Phase Eures Lebens. Es gibt keine Situationen, keine Sekunde, die keine Klarheit erfordert. Beginnt hier und jetzt, macht Euch klar, wo Ihr steht, was Ihr wollt und wohin Ihr gehen wollt.

7. September

Lernt wieder, jedem Leben mit Ehrfurcht zu begegnen, es zu achten, zu hegen und zu pflegen. Jedes Lebewesen ist Teil eines grossen Ganzen - eines grossen Lebens. Leben heisst nicht nur menschliches Leben. Jedes Leben, sei es Kristall, Pflanze, Tier oder Mensch verdient Eure Achtung, Eure Ehrfurcht. Jedes Wesen hat ein Recht auf sein Leben. Spielt Euch nicht zum Richter auf über irgendeine Kreatur in der grossen Schöpfung, denn alle sind Geschöpfe ein und desselben grossen Bewusstseins. Auch wenn Ihr nicht immer versteht, warum dieses oder jenes Geschöpf da ist, habt Ihr kein Recht, ihm sein Leben zu nehmen.

8. September

Seid Euch im Klaren, bevor Ihr mit Kristallen arbeitet, was Ihr machen möchtet. Nur wenn Ihr selbst Klarheit habt, könnt Ihr den Kristall bitten, Euch zu helfen. Dann ist es auch für Ihn möglich, Euch zu unterstützen. Eure Arbeit muss von bedingungsloser Liebe geprägt sein, dann steht die volle Kraft der Kristalle zur Verfügung. Dieses Prinzip soll Euch leiten und führen, dann ist es unmöglich, Kristalle zu missbrauchen; dann ist aber auch Euch die Sicherheit des rechten Weges gewährt. Allgemein lässt sich sagen, dass Ihr mit den Kristallen einen ehrfürchtigen Umgang pflegen sollt. Betrachtet sie als Eure Partner, nicht als Euren Besitz.

9. September

Angst ist immer ein schlechter Ratgeber. Es ist nicht nötig, dass Ihr Angst habt, dass Ihr Euch dieser Illusion hingebt. Nein, geht Euren Weg in Freude und Liebe, achtet auf Eure Lebensweise und arbeitet so an Eurer Reinheit. Viele Hilfsmittel und Rituale können Euch sehr nützliche Dienste erweisen, aber sie können Euch nicht von Eurem Bemühen entbinden, ein rechtschaffenes, lauteres Leben zu führen, welches im Dienste des Ganzen steht.

10. SEPTEMBER

Die Freude ist Euch Menschen schon vor langer Zeit immer mehr verloren gegangen. Sobald die Materie über Massen berücksichtigt wird, sobald Verstrickungen in der Materie entstehen, verliert die Freude an Boden. Die Freude ist eine Qualität, die weder fordert noch einem Zweck dient. Somit läuft sie dem Spiel um die Materie entgegen. Wenn die Materie Oberhand gewinnt, verliert die Freude ihre Grundlage - der Ernst des Lebens macht sich breit. Dieser Ernst des Lebens, die sogenannte Realität, ist aber eine Illusion, denn er spielt sich nur in der Materie ab.

11. September

Ausdehnen hat nichts mit anderen Wesen zu tun. Ihr nehmt niemandem Platz und Raum, wenn Ihr Euch ausdehnt. Diese Tatsache ist sehr wichtig. Ihr braucht Euch beim Ausdehnen nicht um die anderen zu kümmern, denn die Energien durchmischen sich und bilden wiederum ein Ganzes. Solange Ihr Euch aus dem Herzen heraus, in bedingungsloser Liebe ausdehnt, werden andere durch Euer Ausdehnen nicht tangiert.

12. September

Lebt und seid Euch Eures Handelns bewusst! All Euer Handeln, Eure Gedanken und Worte werden in der Akasha, der grossen Bibliothek in Shamballa aufgezeichnet. Ihr könnt keinen Gedanken, kein Wort und keine Handlung ungeschehen machen. Auch ist es nicht möglich, etwas zu tun und nachher zu sagen: "Ja, ich habe es gar nicht so gemeint. - Du kennst mich ja!" Genau wie ein Pfeil, der die Sehne des Bogens verlassen hat, nicht mehr zurückgeholt werden kann, kann ein Wort, eine Tat oder ein Gedanke nicht mehr ausgelöscht werden. Wenn Euch das einmal klar ist, versteht Ihr auch, warum die Reinheit einen so grossen Stellenwert in der Lichtarbeit hat.

13. SEPTEMBER

Werdet wieder Eins mit Eurem Ursprung. Dadurch habt Ihr viele Hilfsmittel zur Hand, die darauf warten, eingesetzt zu werden. Diese Hilfen können aber nur genutzt werden, wenn Ihr in Eurem Zentrum seid, wenn Ihr Euch mit dem Ursprung, dem Göttlichen verbindet. Sucht nicht den Weg mit dem geringsten Aufwand; sucht nach den reinsten und höchsten Ebenen, dann könnt Ihr auch mit den reinsten Energien arbeiten. Arbeitet mit der Sonne. Bittet die Sonnenwesen, Euch und der Erde beizustehen und zu helfen. Aber wie die Engelwesen müsst Ihr auch die Sonnenwesen um ihre Hilfe *bitten*.

14. September

Der Lichtarbeit sind keine Grenzen gesetzt, solange sie bedingungslos eingesetzt wird. Das Licht darf und kann nie zum Eigennutz oder zum Erreichen persönlicher Macht eingesetzt werden. Die Wirkung bliebe aus, weil die Reinheit und die bedingungslose Liebe fehlen. Ihr arbeitet dann mit der Kraft der Gedanken. Diese kommt zwar auch an, aber das ist nicht Lichtarbeit. - Denn Lichtarbeit ist immer bedingungslos.

15. September

Es ist nicht möglich, in der Materie zu leben und zu wirken und gleichzeitig die Dualität aufzuheben, denn die Dualität ist die Voraussetzung für das Existieren der Materie. Also versucht nicht, durch irgendwelche Dinge und Rituale, die Polaritäten aufzulösen, denn sonst entzieht Ihr Euch Eure Grundlage für Euer Sein in der Materie. Es ist ebenfalls nicht möglich, jetzt einfach im Schnellzugstempo durch diese Entwicklung brausen zu wollen, denn jede Blockade, jede Verstrickung muss oder darf auf derjenigen Ebene gelöst werden, in der sie entstanden ist. Dies ist eine Tatsache, welche Ihr beachten müsst. Wenn eine Blockade in der Materie entstanden ist, so muss sie auch in der Materie gelöst werden.

16. September

Jedes Wesen trägt die Verantwortung für sein Tun und sein Nicht - Tun selber. Verantwortung kann nicht abgeschoben oder delegiert werden. Seid Euch immer bewusst, dass Ihr für alles, was Ihr tut, auch die Verantwortung tragt. Nicht nur für das, was Ihr tut, sondern auch für alles, was Ihr nicht tut, seid Ihr verantwortlich. Wenn nun jemand seine Hilfsmittel, also seine Macht, nur für sich selbst, für seine absolut persönlichen Ziele einsetzt, missbraucht er sie, weil er gegen seine eigene Aufgabe verstösst, gegen jene Aufgabe, die er sich selbst gestellt hat, bevor er sich inkarnierte.

17. September

Habt lichtvolle Gedanken: Denkt mit Liebe und Freude an jemanden oder etwas. Helft damit Euch und anderen, den Umgang liebevoller, lichtvoller zu gestalten. Ein Leben in Liebe und Freude ist für alle lebenswerter als ein Leben in Dunkelheit und Gram.

18. September

Oft wird sehr viel über geistige Werte gesprochen und diskutiert. Noch öfter aber bleibt es beim Diskutieren. Sobald dann die nötigen Handlungen erfolgen sollten, haben viele Menschen immense Ausreden, weil sie Angst haben, sich in ihrer Umgebung offen zu diesem oder jenem zu bekennen. Diese Menschen leben nicht in Demut, denn sie stehen nicht zu sich selbst und zu ihren Aufgaben, welche sie sich selbst gestellt haben. Sie verleugnen sich selbst. Dies kann auf die Dauer nicht gut gehen, denn sie verstricken sich immer tiefer in ein Gebilde von Ausreden und von Weltbildkorrekturen.

19. SEPTEMBER

Es könnte der Eindruck entstehen, dass ein riesiger, unüberwindlicher Berg vor Euch liegt, und dass Ihr nicht in der Lage seid, diesen Berg zu übersteigen. Dem ist nicht so - es stimmt zwar, dass der Berg riesig ist, aber er ist zu überwinden. Geht Schritt für Schritt Eure Aufgabe an, löst Euch von den alten Verstrickungen und habt wieder vertrauen in Euch und in uns. Wir helfen und führen Euch über diesen Berg und freuen uns, wenn wir alle wieder vereint im Ursprung sein können. Dies ist das grosse Ziel Eurer und unserer Bemühungen und für dieses Ziel lohnt sich jede Anstrengung - wir freuen uns von ganzem Herzen auf Euer Kommen.

20. September

Zu einer Reinigung gehört immer auch der Akt der Transformation. Reinigen heisst nicht nur, dass Ihr Euch von den fremden Energien befreit, sondern damit verbunden ist auch ein Transformieren, ein Umwandeln. Damit besteht für diese Energieformen die Möglichkeit, sich wieder auf dem Weg des Lichtes zu entwickeln. Es gibt für das grosse Ganze wenig Sinn, wenn Verunreinigungen einfach von einer Person zur andern verschoben werden. Damit ist das Problem nicht aus der Welt geschafft, sondern lediglich verlagert worden.

21. September

Keiner Eurer Teile darf ein unkontrolliertes Eigenleben führen, Ihr müsst Euch und all Eure Teile jederzeit im Griff haben.

22. September

Bescheidenheit heisst, seine Fähigkeiten annehmen - im wahrsten Sinn des Wortes in die Hand zu nehmen - und damit tatkräftig seine Aufgabe anzugehen. Wer Bescheidenheit lebt, setzt seine Talente ganz gezielt ein. Er stellt sein Licht nicht unter den Scheffel, sondern er ist zur Stelle, wenn er mit seinen Fähigkeiten gefragt ist. Dies ist Bescheidenheit, seine Hilfsmittel am richtigen Ort, zur richtigen Zeit, im richtigen Mass für die rechte Sache zur Verfügung zu stellen.

23. SEPTEMBER

Oft wird wohl geredet, aber es wird nicht entschieden, es wird nicht gehandelt. Überlegt Euch, ob Ihr am Mittagstisch satt werdet, wenn Ihr mit Euren Freunden über die Mahlzeit diskutiert aber nicht handelt, also nicht esst.

24. SEPTEMBER

Es ist für Euch wichtig zu wissen, dass zuerst alle diese Verstrickungen und Bindungen gelöst werden müssen, bevor es Euch möglich ist, wieder in den Ursprung zu gelangen. Also beginnt heute schon mit dem Lösen - Ihr werdet sehen, wie befreiend es ist, wenn die Ketten, die Euch halten, von Euch abfallen und Ihr immer freier werdet. Wir freuen uns über jede Verstrickung, die Ihr löst.

25. SEPTEMBER

Macht Euch also klar, dass wahre Lichtarbeiter/innen wirkliche Arbeiter/innen sind, nicht Theoretiker/innen. Es geht für jedes inkarnierte Wesen darum, alle, wirklich alle seine Fähigkeiten einzusetzen, wenn es nötig ist. Dieses Zusammenspiel von unserer Arbeit - unseren Impulsen an Euch in die Materie und Euer Handeln - ist ein grossartiges Instrument, welches Euch, uns und der Erde enorm hilft, auf dem Weg weiterzugehen.

26. September

Nehmt ein Blatt Papier zur Hand und schreibt folgende Fragen auf :

Wer bin ich ?
Wo stehe ich ?
Welches ist mein Weg ?
Was will ich erreichen ?
Welches ist das Ziel meines Hierseins ?

Legt nun dieses Blatt vor Euch hin und schliesst die Augen. Bittet die Engel der Klarheit um ihre Hilfe und lasst Euch Antworten auf diese Fragen geben. Aber Achtung: die Antworten werdet Ihr nicht von aussen erhalten, sondern ihr habt sie in Euch. Schüttelt die Unklarheit von Euch ab, verbannt das Chaos aus Eurem Denken und hört den Antworten zu. Freut Euch über jede Antwort, die Ihr "hört", denn es ist Eure.

27. September

Lasst Kinder alles entscheiden, was sie entscheiden können. Bedenkt aber immer, ein Kind ist oftmals überfordert, wenn Ihr fragt: „Was willst Du?“ Die Auswahl ist zu gross und es kann gar nie zu einer Entscheidung kommen. Gebt dem Kind eine Auswahl, je nach Alter, von zwei bis vier Möglichkeiten. Somit grenzt Ihr die vielen Möglichkeiten ein und Ihr schafft dem Kind einen Raum, den es überblicken kann.

28. September

Einer der wichtigsten Rhythmen in Eurem Sein ist der Atemrhythmus. Dieser begleitet Euch ein Leben lang. Das gleichmässige Ein- und Ausatmen mit den kurzen Atempausen ist die Grundeinheit Eures Lebens. Achtet Euch ab und zu, wieviel Ihr über diesen Atemrhythmus ausdrücken könnt. Atmet Ihr schnell oder langsam, hastig oder ruhig, gepresst oder entspannt? Das innere Befinden verändert Euren Atemrhythmus je nach Situation; und Euer ganzes Sein wird dadurch in eine entsprechende Schwingung versetzt.

29. SEPTEMBER

Es stehen Euch in der geistigen Welt viele Helfer zur Seite. Viele Engelgruppen freuen sich, wenn sie Euch helfen dürfen. Nur, Ihr müsst oder dürft sie bitten, denn von sich aus kommen sie nicht. Es liegt an Euch, die Brücke zu schlagen und sie um Hilfe zu rufen. Erklärt ihnen in Gedanken, was Ihr möchtet und sie können Euch helfen.

30. September

Ein Mensch, der die Qualität der *Bescheidenheit* wirklich lebt, der von dieser Qualität durchdrungen ist, ist nicht in der Lage, eine seiner Fähigkeiten, also seine Macht anders als zum Wohle der Menschen und der Erde zu benutzen. Er sieht einen Missbrauch gar nicht, er kommt gar nicht auf die Idee.

OKTOBER

1. Oktober

Loslassen heisst nicht, die Fenster zu öffnen und alles Materielle rauszuwerfen, die Materie völlig zu verneinen. Überhaupt nicht! Loslassen heisst, sich vom Besitzdenken zu lösen und somit alles, wirklich alles, was Euch zur Verfügung gestellt wird, als Hilfsmittel auf Zeit und nicht als Besitztum zu erkennen. Das ist der wirkliche Sinn von Loslassen.

2. Oktober

Das Gefühl, dass Rhythmen einengen oder begrenzen, taucht erst auf, wenn Ihr Euch weit vom grossen Ganzen entfernt habt. Dann empfindet Ihr das Leben im Rhythmus als Eingriff, als etwas Aufgezwungenes. Das ist aber nicht die Problematik des Rhythmus, sonder das Problem Eurer - wie wir hoffen - momentanen Rhythmuslosigkeit.

3. Oktober

Klarheit ist in Eurem Leben von grösster Bedeutung. Nur wer in der physischen Ebene klar sieht, denkt und handelt, ist auch in der Lage, auf der geistigen Ebene klar zu handeln.

4. Oktober

In Euch ist ein Rest des Erkennens der Einheit geblieben. Das Herz (nicht das physische) hat sich diesen Rest bewahrt. Ihm ist es möglich, klarer zu erahnen, wo die einzelnen Aspekte sich zu einer Einheit finden. Wenn Ihr also mit Eurem Herzen fühlt und denkt, so ist es Euch eher möglich, die Einheit, die Ihr sucht, zu erkennen - der Kopf, also der Intellekt kann dies nicht, weil er absolut in die Ebene der Dualität gehört. Das Herz hat sich eine gewisse Verbindung mit der Einheit bewahren können.

5. Oktober

Ihr habt Kinder und die sind krank: ruft die Engel der Heilung an das Bett des kranken Kindes und bittet sie, die Heilung zu unterstützen. Hört in Euch hinein, vielleicht bekommt Ihr "einen guten Tip" von dieser Engelgruppe.

6. Oktober

Eure Haltung zum Thema Erdung könnt Ihr Euch als riesigen Fels in der Erde vorstellen. Daran seid Ihr mit Seilen an Ösen verankert. Wenn nun aus irgend welchen Gründen diese Seile reissen oder nicht mehr in den Ösen halten, dann könnt Ihr Eure Verbindungen mit Hilfe der Euch bekannten Hilfsmittel relativ einfach wieder aufbauen - und die Verbindungen halten wieder. Fehlt aber Eure Haltung, so ist dieser Felsklotz kaum zu finden oder es hat keine Ösen, um die Seile zu befestigen. Mit den Hilfsmitteln erreicht Ihr, dass Ihr die Verbindungen zum Felsen herstellen könnt, aber sobald Ihr Eure Aufmerksamkeit davon abwendet, reissen die Seile wieder.

7. Oktober

Auch die Reinheit ist eine Frage der Haltung. Es bringt Euch wenig Nutzen, wenn Ihr versucht, mit raffinierten Übungen Verunreinigungen anzugehen, ohne an Eurer Lebenseinstellung etwas zu ändern.

8. Oktober

Wenn Ihr nicht an Eurem Platz stehen wollt, weil Ihr Aufgaben von anderen Personen als interessanter oder begehrenswerter erachtet, so könnt Ihr wohl Euer Denken überlisten, indem Ihr Euch einredet, dass Ihr ja nie auf die Idee kämet, den Platz anderer einzunehmen. Nein, Ihr nie - das tun nur die anderen. Wie gesagt, Euer Denken lässt sich auf diese Weise manipulieren. Aber Eure Teile täuscht Ihr mit dieser Mentalgymnastik nicht; die werden sich sagen: „Wenn der „Chef“ solche Sachen tun kann, dann können wir das auch!“ Die Folge davon ist, dass sie auf Wanderschaft gehen - und zwar unkontrolliert.

9. Oktober

Setzt Euch über Euch selbst hinweg - seid Euch nicht dauernd selbst im Wege und sucht nicht nach Gründen für Dinge, die keine Erklärung brauchen, weil es keine gibt (ausser, dass die Seele als Teil des Göttlichen diese Erfahrung machen wollte).

10. Oktober

Danken ist auch eine sehr schöne Form, Demut und Bescheidenheit zu zeigen. Es wird nämlich deutlich gemacht, dass es Euch bewusst ist, dass Ihr auf Eurem Weg nicht alles alleine machen könnt. Ihr akzeptiert somit, dass es für gewisse Angelegenheiten Wesen gibt, die dafür besser ausgerüstet sind. Indem Ihr diesen Wesen dankt, anerkennt Ihr auch ihren Platz im Ganzen und - für Euch ebenso wichtig - Ihr erkennt und akzeptiert den Euren.

11. Oktober

Lebt Ihr in Demut, das heisst, kennt Ihr Euren Platz innerhalb des Ganzen und habt Ihr erkannt, dass jeder ein Rad ist - nicht das grösste Rad, nicht das kleinste Rad, sondern eben das Rad - dann läuft die Maschine wie geschmiert. Will aber ein Rad an den Platz eines anderen Rades, dann läuft die Maschine nur noch stockend, zum Schluss sogar nicht mehr.

12. Oktober

Die Hauptaufgabe der Engel ist das Schützen und das Bewahren. Daher werden Engel auch oftmals als eher kämpferische Naturen dargestellt. Mit dieser Aufgabe verbunden ist ein weiteres Betätigungsfeld, nämlich das der Transformation, der Überführung von einem Zustand in einen anderen.

13. Oktober

Gewöhnt Euch an, nach ca. eineinhalb Stunden eine kurze Pause zu macht. Ihr werdet sehen, dass Ihr die „verlorene“ Zeit sehr schnell wieder eingeholt habt, weil Ihr dann konzentriert Euer Werk fortsetzen könnt.

14. Oktober

Selbstehrlichkeit, die Wahrheit zu sich selbst, ist eine der grössten Hilfen auf dem Weg der eigenen Entwicklung. Es sind nicht immer die anderen, wenn sich etwas verändert. Ihr müsst auch lernen, dass Fehlverhalten auch bei Euch auftreten können. Dies ist eine Chance, wenn Ihr sie nutzt.

15. Oktober

Lasst nicht immer die Vernunft abwägen, ob Ihr dieses oder jenes tun sollt. Unternehmt einmal etwas zusammen, was nicht unbedingt vernünftig ist - aber sehr viel Freude und Spass bereitet. Dies hilft mit, die Flamme der Verliebtheit in einer Partnerschaft hell auflodern zu lassen.

16. Oktober

Versucht zu begreifen, was es heisst, die Angst sei eine Illusion. Wir wissen, dass dies für Euch sehr schwer ist, vor allem, wenn Ihr in Gefahr seid. Aber genau in diesen Situationen ist es für Euch wichtig, dass Ihr Euch nicht von der Angst und vom Emotionalkörper beherrschen lasst, sondern Euer wahres Wesen zum Zuge kommen lasst. Die Freude gibt Euch Sicherheit und Zuversicht, auch wenn die Situation noch so dunkel erscheint. Wenn Ihr Euch von der Angst beherrschen lasst, dann ist es dunkel; wenn Ihr aber dagegen ankämpft, mit Freude und Zuversicht, dann hellt sich die Situation auf - dann steht Ihr über der Sache, so wie es eigentlich auch Eure Bestimmung ist.

17. Oktober

Vielleicht habt Ihr auch schon erlebt, dass Euch eine sanfte Kraft "gestossen oder geschoben" hat. Dies ist eine weitere Möglichkeit der Engel, Euch beizustehen. Oftmals braucht Ihr auf Eurem Weg Rükkenstärkung, das Gefühl, nicht alleine zu sein. Auch hier könnt Ihr Euch auf die Hilfe der Engel verlassen. Bittet sie um ihre Hilfe und sie werden sich in der einen oder anderen Art kurz "zeigen".

18. Oktober

Wenn Ihr gewillt seid, Euren Weg geradlinig unter die Füsse zu nehmen, ist es sehr wichtig, dass Ihr erkennt, wo Euer Platz ist, wo Ihr hingehört. Dies hat nichts damit zu tun, dass Ihr nicht kritisch etwas hinterfragen sollt. Ihr sollt auch nicht wie Lämmer jemandem hinterher trotten. Nein, nehmt E u r e n Platz ein, auf den seid Ihr nämlich vorbereitet worden. Für diesen Euren Platz habt Ihr die nötigen Hilfsmittel mitbekommen, setzt sie effizient ein.

19. Oktober

Wenn ein Mensch im Kreis gefangen ist, sammelt er immer mehr mentales Wissen; er entwickelt sich zum Spezialisten mit grossen Detailkenntnissen. Geht ein Mensch aber in der Spirale, muss er nicht überall nach dem Sinn suchen, sondern tief im Herzen kennt er ihn. Er schöpft die Kraft aus uns, aus dem Herzen und somit lässt er sich seinen Weg nicht von seiner Umwelt diktieren. Der Mensch in der Spirale hat gelernt, auf sich selbst zu vertrauen und auf seine innere Stimme, seine Führung zu hören.

20. Oktober

Wir freuen uns, wenn die Klarheit in Euch wieder leuchtet und das Dunkle und das Chaotische vertreibt. Dann seid Ihr zuverlässige und treue Lichtarbeiter - und solche brauchen wir.

21. Oktober

Hört in Euch und wir werden Euch die nötigen Impulse geben, damit Ihr aus allem lernen könnt. Zu lernen habt Ihr nur eines, nämlich die fünf Seelenqualitäten ; bedingungslose Liebe, Freude, Demut, Bescheidenheit und Wahrheit - Selbstehrlichkeit. Eigentlich nicht sehr viel. Also packen wir es gemeinsam an - zusammen schaffen wir es !

22. Oktober

Ausdehnen vom Herzen aus hat nichts mit anderen Wesen zu tun. Wenn Ihr Euch aus dem Herzen heraus ausdehnt, dann tangiert Ihr in keiner Art und Weise andere Menschen oder Wesen. Euer Ausdehnen geschieht auf der Basis der bedingungslosen Liebe, es ist nicht egoistischer Selbstzweck, sondern es geht darum, dass Ihr Euch den Raum nehmt, den Ihr braucht und der Euch zusteht. Ihr seht, es hat nichts mit anderen Wesen zu tun.

23. Oktober

Wahre spirituelle Entwicklung hat sehr viel damit zu tun, dass Ihr Euren Platz kennt. Verknüpft diese Aussage nicht mit Bewertungen, sondern mit dem Erkennen, dass Ihr mithelft, den grossen Plan zu erfüllen. Wenn jeder an seinem Platz steht und seine Aufgabe erfüllt, dann braucht Ihr keine Meister, keine Universalhilfsmittel und keine Dogmen. Dann habt Ihr nämlich alles in Euch und Eure Entwicklung führt Euch zu dem, was Ihr braucht. Probleme gibt es erst dann, wenn Ihr Euch von Eurem Platz entfernt und Ihr "Meister" sucht, denen Ihr nacheifern wollt, weil Ihr in Euch eine Leere verspürt.

24. Oktober

Hält sich ein Mensch in keiner Art und Weise z.B. an die Verkehrsregeln, übertritt sämtliche Gebote und Verbote; dann könnt Ihr Euch denken, wie diese Person erst auf der geistigen Ebene "herumfährt". Dieser Mensch stellt nicht nur auf der physischen Ebene eine Gefahrenquelle dar, sondern auch auf der geistigen. Auch hier fehlt die Klarheit, dass Regeln nicht nur da sind, um einzuzwängen, sondern um ein Zusammensein erst zu ermöglichen.

25. Oktober

Ein wahrer Meister bindet die Menschen nicht an sich, er lässt jedem Wesen seinen freien Willen und seine Meinung. Keinesfalls lässt er zu, dass sich Menschen an ihn binden. Er weiss nämlich, dass jedes Wesen seinen Weg alleine gehen darf oder muss. Auf diesem Weg zählen nur eigene Schritte, die aus freiem Willen und von ganzem Herzen getan werden. Daher kennt der wahre Meister auch seine Funktion - er kann von seinen Erfahrungen weitergeben, aber er wird nie Vorschriften und Dogmen erlassen.

26. Oktober

Macht Euch klar, was Reinheit eigentlich bedeutet. Es heisst, dass Ihr in den klarsten und reinsten Farben strahlt, dass die Seelenqualitäten bei Euch hell leuchten, weil Ihr Euch bemüht, sie immer weiter zu entwickeln. Ihr tut dies aber nicht weil Ihr müsst, sondern aus freiem Willen heraus und weil Ihr im Innersten spürt, dass es so sein soll.

27. Oktober

Verzeihen ist keine Sache des Kopfes, sondern eine Angelegenheit des Herzens. Sucht Euch für dieses Verzeihen eine ruhige, harmonische Atmosphäre aus und setzt Euch nicht unter Druck. Ihr könnt mit dem Kopf hundert Mal sagen: "Ich verzeihe allen". Dies hat aber keine Wirkung, wenn Euer Herz nicht dabei ist. Ebenfalls ist es nicht wichtig zu wissen, wer Euch nun wann etwas angetan hat oder wem Ihr etwas zuleide getan habt. Dies würde Euch nur unnötigerweise belasten und dem Kopf Nahrung für neue Verstrickungen geben.

28. Oktober

Wenn jemand die Engelwesen um Hilfe ruft, weil er vielleicht völlig niedergeschlagen ist, wird sich sein Schutzengel mit der Qualität Freude füllen. Weil dieser Engel sehr nahe mit dem Menschen verbunden ist, wird vom Engel diese Freude "übertragen", das heisst, der Mensch wird in eine Aura der Freude gehüllt und kann diese in sich aufnehmen, wenn er will. Dies ist die hauptsächlichste Art, wie Engel bei Euch Veränderungen hervorrufen können.

29. Oktober

Werdet in Eurer Beziehung nicht bequem. Weil etwas so ist, wie es ist, muss es lange nicht auch immer so bleiben. Verändert auch in Eurer Beziehung oder bei Euch selbst immer wieder gewisse Dinge. Dies macht das Leben zu zweit interessant und hilft mit, eine gewisse Spannung zu erhalten.

30. Oktober

Je älter Ihr werdet, um so mehr holt Euch der sogenannte Ernst des Lebens ein. Ihr schlagt Euch mit Problemen herum (ob es wirkliche Probleme sind oder selbstgemachte sei dahingestellt), und oft kommt Ihr an einen Punkt, wo Ihr die Nase voll habt und Euch am liebsten in eine Ecke zurückziehen möchtet oder Ihr verkriecht Euch tatsächlich.

31. Oktober

Sicher habt Ihr bemerkt, dass sich Euer ganzes Leben in einem Natur-ähnlichen Rhythmus abspielt. Es gibt für jeden Menschen ein Aufblühen, ein Wachsen, ein Reifen und ein Zurückgehen. Auch hier habt Ihr die Möglichkeit, mit oder gegen diesen grossen Rhythmus zu leben. Ihr könnt in Eurem Leben Themen anpacken, wenn sie und Ihr bereit dafür seid oder Ihr könnt - immer mit einem wesentlich grösseren Aufwand und Energieverbrauch verbunden - versuchen, ausserhalb des Rhythmus zu leben.

November

1. November

Viele Menschen tun sich schwer mit dem Gedanken, einmal sterben zu müssen, sie haben sogar Angst davor. Die Angst kommt daher, dass Ihr in der Dichtheit der Materie den Sinn Eures Kommens und Gehens nicht mehr erfassen könnt. Ihr könnt nicht mehr sehen, dass das Sterben auf Erden auf einer andern Ebene mit Freuden erwartet wird, weil dort, gerade dieses Sterben, eine Geburt in eine neue Welt ist. Der gleiche Prozess läuft ab, wenn ein Kind auf Erden geboren wird. Dieses Wesen nimmt auf einer anderen Ebene Abschied und wird so bei Euch geboren. Jedes Wesen, das auf Erden stirbt, wird in anderen Ebene mit Freuden empfangen und zwar von vielen Wesen, die es schon seit sehr, sehr langer Zeit kennt. Ihr habt also keinen Grund, vor dem Sterben Angst zu haben oder Euch zu fürchten

2. NOVEMBER

Ihr fragt vielleicht wie, wie Ihr mit Kristallen umgehen sollt?. Ganz einfach - Euer Herz führt Euch zu den Kristallen und zur Arbeitsweise mit ihnen. Sie "erklären" Euch, wie sie helfen möchten und können. Ihr braucht dann lediglich zu hören und diese "Anweisungen" auszuführen. So ist dieses Kristallwissen zu verstehen - es ist ein individuelles Wissen, das sich nicht in allgemeine Lehrsätze fassen lässt. Der Schlüssel dazu liegt bei Euch - Ihr entscheidet, wann Ihr die Türe dazu öffnet.

3. November

Die Freude ist eine Qualität des Herzens, sie ist bedingungslos und sehr ansteckend. Wenn Ihr Freude ausstrahlt, könnt Ihr Eure ganze Umgebung damit anstecken. Ihr durchströmt sie mit dieser Qualität und helft so mit, auf ganz effiziente Art und Weise, Licht zu verbreiten.

4. November

Eine Partnerschaft, sofern sie wirklich eine Partnerschaft ist und diesen Namen auch verdient, ist eine Lebensgemeinschaft, in welcher man alles miteinander teilt. Dies sind angenehme, aber auch unangenehme Erscheinungen. Gerade wenn es unangenehm wird, zeigt sich die bedingungslose Liebe, indem man zu einem Menschen stehen kann, ihm Vertrauen entgegenbringt und ihn unterstützt, auch wenn es schwierig ist.

5. November

Wenn Ihr Probleme habt und diese wachsen Euch über den Kopf, Ihr wisst weder ein noch aus, bittet die Engel der Klarheit um ihre Dienste. Sie werden Euch beistehen und plötzlich erscheint, scheinbar aus dem Nichts ein möglicher Ausweg aus den Problemen.

6. November

Viele von Euch fürchten den Tod. Wenn Euch aber einmal klar wird, worum es in Euren Leben geht, dann werdet Ihr verstehen, dass der Tod nur ein Übergang in eine andere Daseinsebene darstellt. Es ist nicht das endgültige Ereignis, das so vielfach dargestellt wird. Hier ist die Ursache dieser Todesangst in der Gesellschaft und der Erziehung zu suchen. Solange ein Leben nach dem Tode geleugnet wird und solange die Irrlehre herumgeboten wird, die Seele inkarniere sich nur einmal, solange wird auch die Angst vor dem Tode, als etwas Endgültiges, nicht verschwinden.

7. November

Ein Mensch, der seine Aufgabe nicht wahrnimmt, trägt auch die Verantwortung für all jene, die durch sein Nicht-Tun ihren Platz nicht einnehmen können, die nicht wach werden. Niemand hat sich auf Erden inkarniert, um einfach zu sein, alle haben in ihrem Rucksack viele Aufgaben mitgenommen.

8. November

Die Arbeit mit dem Licht darf und sollte in Freude getan werden. Sobald sie ein Muss ist, entfernt Ihr Euch von der Grundlage, die Effizienz sinkt.

9. November

Geht mit Euren Hilfsmitteln, mit Eurer Macht, sorgfältig, verantwortungsvoll um. Hinterfragt immer wieder, ob Euer Tun und Denken von den Seelenqualitäten durchdrungen ist. Lasst den Kopf nicht hängen, wenn Euch dies nicht immer gelingt. Aber bemüht Euch Tag für Tag, Stunde für Stunde, in jedem Augenblick Eures Seins, Euer ganzes Tun klar für das grosse Ziel einzusetzen. Eure Seelenqualitäten helfen Euch sehr dabei.

10. November

Jede Beziehung muss gepflegt werden. Es wäre vermessen zu glauben, dass das Feuer der Liebe in einer Beziehung immer brennt, auch wenn es nicht mehr genährt wird. Die anfängliche Verliebtheit geht leider oft allzuschnell verloren, sie lässt sich ersticken von Terminen und anderen "sehr wichtigen Sachen". Die Pflege der Beziehung gerät immer mehr ans Ende der Prioritätenliste und plötzlich stellt Ihr erstaunt fest, dass es gar nichts mehr zu pflegen gibt, weil sich Eure Beziehung aufgelöst hat und zu einer Zweckgemeinschaft geworden ist.

11. November

Lasst Euch nicht von Eurem Weg abbringen. Hört in Euch hinein, öffnet Euer Herz, dann findet Ihr den Euch angepassten Weg und geht auf ihm stetig Eurem Ziel entgegen. Achtet aber darauf, dass Ihr den Zeitpunkt, um diesen Weg in Angriff zu nehmen, nicht immer wieder verschiebt. Verschlaft den Aufbruch nicht, indem Ihr immer wieder zögert, ob Ihr auch wirklich den richtigen Weg gefunden habt. Nein, prüft in Eurem Herzen und dann macht Euch auf und geht zielstrebig den gewählten Weg.

12. November

Vielleicht geht Ihr am Abend, die Kinder schlafen, aus dem Hause: bittet die Engel, Eure Kinder zu beschützen und sagt ihnen, sie sollen um das Bett der Kinder stehen und sie vor allem bewahren.

13. November

Demut heisst in seiner Grundbedeutung, seinen Platz im grossen Ganzen erkennen und einnehmen, seine Hilfsmittel annehmen und gebrauchen. Dann erfüllt Ihr demütig Eure Aufgabe. Jeder Mensch hat seine Aufgabe und hat dafür einen Platz zugeordnet bekommen. Eigentlich ist dies falsch ausgedrückt. Ihr habt Euch nämlich Euren Platz vor Eurer Inkarnation selbst ausgesucht; Ihr habt selbst bestimmt, welche Aufgabenbereiche Ihr in dieser Inkarnation angehen wollt - nur habt Ihr dies bei der Geburt wieder "vergessen".

14. November

Engel sind Wesenheiten, die auf vielen Ebenen und Dimensionen tätig sind. Ihre Haupttätigkeit betrifft die *Bereiche Schutz und Bewahren*. Sie werden oftmals auch als die Hüter der Flammen angesprochen. Dies bezieht sich auf eine ihrer ganz grossen Aufgaben. Sie hüten und bewahren die grossen Kosmischen Strahlen. Diese allumfassende Energiequelle, welche unter anderm auch die Energieversorgung der Erde sicherstellt, muss dauernd behütet werden.

15. NOVEMBER

Mit Eurem Verhalten steckt Ihr den Spielraum ab, den Eure "arbeitenden" Teile zur Verfügung haben. Wenn Ihr also in Euch Klarheit habt, dann wird auf der geistigen Ebene die Arbeit auch in Klarheit ausgeführt. Wenn Euch aber die Klarheit fehlt, dann fehlt sie auch bei der Arbeit auf der geistigen Ebene. Das heisst, dass Ihr mit Eurem Verhalten verantwortlich seid, wie Eure "unbewussten Teile" die Arbeit ausführen.

16. NOVEMBER

Jedes Wesen ist selbst für seine Verunreinigungen verantwortlich. Übernehmt nicht Dinge von anderen - und habt Ihr diese noch so lieb - die nicht zu Euch gehören. Ihr erweist dem Anderen auf die Dauer einen schlechten Dienst, denn irgendeinmal muss jeder auf eigenen Füssen stehen. Dann steht niemand mehr bereit und sagt: "Komm, gib mir Deine Probleme und Unreinheiten, ich erledige das für Dich!" Nein, grenzt Euch ab und macht den anderen darauf aufmerksam, dass es nun an der Zeit wäre, selbst etwas zu unternehmen, selber aktiv zu werden. Tut er es, dann ist es gut; tut er nichts, dann soll er die Konsequenzen seines Nichts-Tuns selber tragen. Lasst aber in keinem Falle zu, dass irgendwer auf Euch zurückgreift und Euch auf diese Art und Weise missbraucht.

17. November

Bemüht Euch immer wieder, wählt Euch Eure Begleiter - im materiellen und im feinstofflichen Bereich - kritisch aus und geht Euren Weg in Liebe, Freude und Frieden; wir begleiten Euch gerne.

18. November

In der heutigen Gesellschaft wird viel Zeit damit verbracht zu diskutieren. Probleme werden erörtert, besprochen, gedreht und gewendet und von allen Seiten her beleuchtet. Dafür wird sehr viel Energie verbraucht. Leider geschieht es dann aber, dass für das Handeln nicht mehr genügend Kraft bereitsteht.

19. November

Denkt daran, dass für alle „Arbeiten“ immer Helfer bereit stehen. Ruft sie, sie helfen Euch, sie unterstützen Euch, sie führen Euch und geben Euch die nötige Rückendeckung. Dies ist Ihre Aufgabe und sie tragen so ihren Teil zum grossen Ganzen bei.

20. November

Das Ausdehnen bietet Euch auch den energetischen Raum, den Platz, den Ihr braucht, damit Ihr Euren Weg gehen könnt. Jedes Wesen braucht seinen Raum. Dies ist eine grundlegende Tatsache. Darauf ist auch der feinstoffliche Schutz eines jeden Wesens aufgebaut. Denkt daran. Ihr zerstört diesen Schutz selber, wenn Ihr Euch zusammenzieht.

21. November

Hütet Euch davor, Teile von anderen Menschen - auch wenn Ihr diese gut kennt und sie liebt - nicht als fremde Teile zu betrachten. Es entsteht sonst eine Vermischung von Euren eigenen und den gut bekannten Teilen. Damit ist aber niemandem gedient, denn jedes Wesen muss mit seinen eigenen Teilen seinen eigenen Weg gehen. Alles andere behindert sowohl Euch wie auch die anderen.

22. November

Lebt die Freude - so werdet Ihr auch selbst immer mehr durchdrungen von dieser Qualität und werdet Euren Weg immer klarer sehen und spüren. Denn sobald die Freude, diese Qualität des Herzens in Euch ist, kann auch das Herz sprechen und Euch die nötigen Impulse geben, die Ihr dann auch aufnehmt. Fehlt Euch aber die Freude, so setzt Ihr diese Impulse nicht um und Ihr habt das Gefühl, dass Ihr alleine seid. Also sucht und findet die Freude und Ihr findet uns und Euch selbst!

23. November

Macht Euch auch klar, dass es viele Dinge gibt, die Ihr als Eltern entscheidet, und nicht Eure Kinder. Es ist nicht so, dass Kinder bei jeder Familienentscheidung mitzureden haben. Besteht darauf, dass Eure Kinder, wenn sie älter sind, ihre Meinung kundtun können, ja sogar sollen, aber dass es ebenso klar ist, dass Ihr als Eltern entscheidet. Begründet Eure Entscheidung bei älteren Kindern (ab ca. zehn Jahren). Diese, Eure Entscheidung soll nicht in einer Machtdemonstration ausarten, sondern jedem Kind klar machen, dass Ihr mit dem grösseren Überblick entscheidet.

24. November

Dogmen sind starre Gebilde, sie lassen überhaupt keinen Spielraum. Aber jeder Baumeister weiss, dass ein hoher Turm nicht absolut starr auf dem Fundament stehen darf, sonst besteht die Gefahr, dass der Turm bei einem Sturm einstürzt. Nutzt diese Erkenntnis und werdet auch Ihr nicht starr in Euren Anschauungen. Die heutige Zeit bringt auch im spirituellen Bereich sehr schnell grosse Veränderungen mit sich, denen Ihr Euch jeweils anpassen müsst. Was starr ist, bricht - also werdet flexibel, ohne aber das Ziel aus den Augen zu verlieren.

25. November

Im Bereich der Reinheit habt Ihr viele Möglichkeiten. Ihr könnt mit Eurer Haltung bewirken, dass Verunreinigungen euch nichts anhaben können. Dies ist ein sehr hoch gestecktes Ziel, aber die Möglichkeit, es zu erreichen liegt bei Euch, in Eurer Haltung.

26. November

Denkt daran, dass nicht nur die Lebewesen auf der Erde Rhythmen unterworfen sind. Nein, Rhythmen gibt es im ganzen Kosmos. Erst der rhythmische Verlauf ermöglicht einen Einklang des Ganzen. Sucht diese Rhythmen, aber betrachtet sie nicht als eine Sammlung von Vorschriften und Gesetzen, sondern macht sie zu einem Teil Eurer selbst und geht darin auf. Wir freuen uns auf die vielen, im rhythmischen Einklang schwingenden Wesen.

27. November

Hütet Euch davor, ein Wesen nur nach der Anzahl Lebensjahre zu beurteilen, sondern schaut ihm ins Herz - dort werdet Ihr sehen, wen Ihr vor Euch habt.

28. November

Begegnet einem Frontalangriff mit Liebe und lasst Euch selber nicht in Emotionen bringen. Reagiert Ihr auf emotionale Ausbrüche anderer ebenfalls mit Wut, Angst, Zorn …, verstärkt Ihr diese Gefühle noch und Ihr tragt dazu bei, dass das Ganze eskaliert. Reagiert Ihr aber mit Liebe, so werdet Ihr sehen, dass schon nach kurzer Zeit wieder eine Basis geschaffen ist, auf der man miteinander weitergehen kann.

29. November

Macht Euch klar, dass es nichts bringt, wenn Ihr Euch z.B. bei einem emotionalen „Angriff“ zusammenzieht. Die Meinung, wenn etwas klein sei, werde es nicht so leicht getroffen, stimmt nicht. Denn klein heisst auch, dass die auf Euch gerichteten Emotionen sehr schnell sehr nahe bei Eurem Wesen sind. Genau umgekehrt sollte Ihr es machen. Dehnt Euch aus, macht Euch „dick und breit“.

30. November

Es ist wichtig, sich in Selbstehrlichkeit zu prüfen und in Klarheit den Weg festzulegen. Es reicht dabei nicht, sich mit Lippenbekenntnissen zufrieden zu geben. Nein, diese Überzeugung muss in Euch sein und wirklich alle Teile ansprechen und umfassen.

DEZEMBER

1. Dezember

Hilfsmittel sind gute Begleiter, aber sie dürfen nicht Selbstzweck werden. Es darf keine Abhängigkeiten geben. Es darf nicht sein, dass man sich nicht mehr unter andere Menschen wagt, wenn man dies oder das nicht gemacht oder angestrichen hat. Hilfsmittel sind dafür gedacht, ungewöhnliche Zeiten zu überbrücken, Notsituationen zu begegnen oder Zuständen, welche aussergewöhnlich sind, nicht schutzlos, ohnmächtig ausgeliefert zu sein.

2. Dezember

Eines möchten wir ganz an den Anfang stellen: Engel sind Wesen, die aus *Bedingungslosigkeit* heraus handeln. Daher ist ihnen auch jeglicher *Eigennutz* fremd. Diese Erkenntnis ist sehr wichtig, wenn Ihr die vorliegenden Informationen wirklich verstehen möchtet.

3. Dezember

Stellt Euch auf beide Füsse und steht aufrecht auf der Erde. Sprecht ganz deutlich zu Euch und sagt Euch selbst: "Ich bin hier auf Erden, hier will ich bleiben und hier erfülle ich meine Aufgabe, auch wenn es stürmt und tobt um mich herum. Mich bringen keine zehn Pferde von meinem Platz weg, denn ich habe ihn selbst gewählt!"

4. DEZEMBER

Zu Euch allen "gehört", ob Ihr dies schon bemerkt habt oder nicht, ein Engelwesen, das ausschliesslich für Euch zuständig ist. Dieser Engel begleitet Euch auf Schritt und Tritt und steht Euch in jeder Situation bei. Vielleicht könnt Ihr erfassen, welch bedingungslose Arbeit dies ist. Dieser persönliche Helfer hat sich seit der ersten Inkarnation dazu verpflichtet, Euch auf Eurem Weg beizustehen und zu helfen. Er kennt keine Ferien oder Ruhephasen, er ist immer im Einsatz, weil ja auch Ihr immer im Einsatz seid.

5. Dezember

Die Erde ist krank. - Bedenkt, wenn der Gastgeber ernsthaft krank ist, kann er seine Gäste nicht mehr beherbergen. Helfen wir unserer Gastgeberin, unserer Mutter Erde, mit all unseren Möglichkeiten, wieder gesund zu werden. Mit vereinten Kräften werden wir diese gewaltige Arbeit schaffen, wir werden - jeder auf seinem Platz und mit seinen Hilfsmitteln - in einem bedingungslosen Einsatz die Heilung der Erde fördern und wir werden so auf unser grosses Ziel hin arbeiten - auf das Paradies; das Paradies auf Erden und das Paradies in der geistigen Welt - auf die Neue Erde. Nehmen wir die Hände aus den Taschen und beginnen wir - jetzt, in dieser Stunde!

6. Dezember

Was gibt es Schöneres als auf viele gute Freunde zu vertrauen und die Gewissheit zu haben, dass diese Freunde immer, in jedem Augenblick des Seins für mich da sind. Diese Freunde, Begleiter und Helfer habt Ihr - es sind die Engel. Vertraut ihnen und sie können ihre ganze Kraft im Dienste für Euch entfalten. Ruft sie und sie kommen - immer, in jedem Fall und zu jeder Zeit.

7. Dezember

Ihr könnt Euch vielleicht vorstellen, wie das Zurückgehen zum Ursprung vor sich geht. Alle Schritte, welche beim Eintauchen gemacht wurden, müssen wieder getan werden, aber in die andere Richtung. Ihr - und das heisst sowohl im persönlichen Bereich, wie auch im globalen Sinn - müsst nun alle Verstrickungen und Bindungen, welche irgendwann einmal gewoben wurden, wieder lösen. Alles, was Euch hält, müsst Ihr auflösen, transformieren. Dies ist ein Prozess, der schrittweise vor sich geht. Seid Euch bewusst, dass Stolz und Eigensinn auf diesem Weg sehr hinderlich sind.

8. Dezember

Bescheidenheit wird oft so verstanden, dass man hinten anstehen soll. Dies ist aber falsch. Ihr sollt dort anstehen, wo Ihr hingehört. Es entspringt wiederum Eurer Bewertung, wenn Ihr das Gefühl habt, Euch vorzudrängen. Wenn Ihr zu einem Projekt die Hilfsmittel für die hinterste Position habt, dann steht hinten; wenn Ihr die Hilfsmittel für die Mitte habe, dann reiht Euch in der Mitte ein; habt Ihr aber die Fähigkeit, zuvorderst zu stehen und die Sache anzuführen, dann seid Ihr es Euch und uns schuldig, diesen Platz vorne einzunehmen.

9. Dezember

Ihr könnt Leuchttürme sein, die fest verankert sind und nicht von Wind und Sturm umgeworfen werden. Solche Lichtpunkte braucht die Erde, sie braucht Menschen, die den Stürmen standhalten, die aufrecht für das Licht eintreten und wie der Fels in der Brandung den Widerwärtigkeiten auf allen Ebenen trotzen. Wenn Ihr die Kraft aus Euch schöpft, also im Herzen - in der Intuition - zentriert seid, könnt Ihr standfest sein, Euren Weg sehen und nicht auf Irrwege abkommen. Wenn noch die Reinheit hinzu kommt, könnt Ihr nicht mehr auf den Wolf im Schafspelz hereinfallen oder Ihr bekommt die Gewissheit aus Euch heraus, dass Ihr nicht einem falschen Propheten folgt. Hört auch hier auf Euer Herz und vertraut in erster Linie Euch selbst.

10. Dezember

Viele Menschen erkennen heute nicht mehr, dass sie Teil eines Ganzen sind. Sie leben in der Auffassung, dass ihnen alles zu Füssen liege und sie mit Ihrer Umgebung und ihrer Umwelt machen könnten, was sie wollen. Sie haben die Einsicht verloren, dass auch sie Teil eines grossen Systems sind. Erst wenn diese Verbundenheit mit der Natur, mit anderen Lebewesen, mit der geistigen Welt wieder da ist, erst dann ist es diesen Menschen wieder möglich, überhaupt zu erkennen, weshalb sie auf der Erde sind.

11. Dezember

Wenn jemand auf der physisch inkarnierten Ebene keinerlei Klarheit besitzt, ist es eine Illusion zu meinen: "Ja, auf der geistigen Ebene, ist das ganz anders, da ist mir alles klar!" Nein, wer sich chaotisch, ohne Klarheit im Alltag verhält, der wirkt auch ohne Klarheit, also chaotisch auf der geistigen Ebene, denn es gilt: So wie unten, so oben!

12. Dezember

Bewertungen wie zB. gut und böse sind Eigenschaften der Materie, sie sind von Euch selbst gemacht. Dies merkt Ihr spätestens dann, wenn Ihr Euch in Eurer Entwicklungsgeschichte näher umseht. Was vor hundert Jahren noch als "gut" galt, ist heute verpönt und in weiteren hundert Jahren wird es vielleicht sehr "böse" sein. Ihr seht also, dass diese Bewertungen von der Entwicklung abhängig sind. Es existieren auch völlig unterschiedliche Bewertungen derselben Sache in der gleichen Zeit, je nach Standort. Es sind also nicht allgemein gültige Bewertungen, denn die gibt es nicht in der Materie.

13. Dezember

Der Mensch ist ein Wesen, welches sich wie alle anderen Wesen entwickelt. Für seine Entwicklung, die alle Sparten umfasst, musste auch die Dichtheit der Materie erfahren werden.

14. Dezember

Ein Zurückziehen und Verkriechen ist immer auch ein manifestierter Wunsch, wirklich wieder zurückzugehen. Ihr löst Euch damit jedesmal ein kleines Stück von dem Dasein auf der Erde. Dies hat, wie Ihr unschwer erkennt, aber grossen Einfluss auf die Erdung, die Erdverbundenheit. Hier nun kommt Eure Bewusstseinsarbeit zum Zuge. Es geht nämlich darum, *klar, deutlich und ganz bewusst* Ja zu sagen zu Eurem Hier-sein. Macht Euch klar, dass Ihr hier auf der Erde seid, weil Ihr es wollt und dass Ihr diesen Platz und diese Aufgabe selbst gewählt habt. Damit wirkt Ihr dem Zurückziehen und Verkriechen entgegen.

15. Dezember

Helfen könnt Ihr jedem, zu jeder Zeit. Dies ist auch wichtig, denn ohne gegenseitiges Helfen wird der Alltag sehr schwer. Aber helft dann, wann *Ihr* wollt und auch bereit seid, diese Hilfe kräftemässig zu geben. Überlegt Euch aber immer, ob der andere diese Hilfe auch tatsächlich braucht, weil er in einer Notlage ist oder ob er einfach zu bequem ist, für sich zu schauen und die Verantwortung für sich selbst zu übernehmen.

16. Dezember

Mit dem Handeln wird eine Entscheidung manifestiert. Handeln hat aber noch eine weitere Bedeutung. Mit dem Tun übernehmt Ihr die Verantwortung! Solange Ihr überlegt, tragt Ihr die Verantwortung nicht; wenn Ihr entscheidet, übernehmt Ihr wohl Verantwortung, aber Ihr manifestiert diese nicht nach aussen. Erst wenn Ihr Eure Entscheidung in die Tat umsetzt, erst dann übernehmt Ihr die Verantwortung. Bedenkt aber, dass Ihr auch für die ausbleibenden Handlungen Verantwortung tragt - es ist nicht so, dass Ihr Euch durch Abwarten und Nichts-tun davonschleichen könnt.

17. Dezember

Es ist sehr wichtig, den Kindern, auch innerhalb der Familie Grenzen zu setzen, denn hier ist sozusagen der geschützte Übungsraum. In der Familie können sie soziale Werte lernen, welche sie später in der Gesellschaft brauchen, um verantwortungsbewusste Menschen zu werden.

18. DEZEMBER

In der heutigen Zeit ist es wichtig, dass Ihr Euch während der Voll- beziehungsweise Neumondzeit gut abgrenzt und ausdehnt. Versucht ganz klar in Eurer Ebene zu bleiben und unterstützt das unkontrollierte Öffnen der Ebene nicht noch dadurch, dass Ihr Euch selbst irgendwelchen Energien gegenüber öffnet. Wir können Euch zwar versichern, dass in dieser Zeit viele und manchmal auch starke Energien fliessen, aber deren Herkunft sind in den wenigsten Fällen die lichtvollsten Ebenen.

19. DEZEMBER

Meditieren heisst, sich selbst in eine tiefe, umfassende Ruhe bringen - und diese Ruhe ist im Innern eines jeden Wesens zu suchen und auch zu finden. Den *Weg* zu diesem Ruhepunkt, wo ein grosses Kraftpotential schlummert, den bezeichnen wir als Meditation.

20. Dezember

Engel arbeiten vor allem mit den Qualitäten. Es ist ihnen, auf Grund ihrer Schulung zu eigen, dass sie sich ganz in eine bestimmte Qualität versenken können. Dadurch strahlen sie diese Qualität auch aus und erfüllen so den Raum um sich herum.

21. Dezember

Helft nicht mit, die Erde zu zerstören, sondern helft sie zu pflegen. Nehmt Euren Platz ein und hadert nicht damit, dass andere Aufgaben schöner oder erstrebenswerter wären. Steht an Eurem Platz und erfüllt Eure Aufgabe - seid ein Fels in der Brandung des tosenden Ozeans. Gebt Euer extremes Besitzdenken und Eure Machtansprüche auf. Erkennt, dass Euch alles, was Ihr braucht zur Verfügung gestellt wird. Anhäufung von unnötigem Besitz und persönlicher Macht behindert Euren Weg.

22. Dezember

Wenn Ihr Euch täglich in bedingungsloser Liebe, in Demut und Bescheidenheit, in Freude und in der Wahrheit - der Selbstehrlichkeit übt, dann kommt Ihr auf Eurem Weg grosse Stücke vorwärts. Aber nicht nur das; Ihr habt dann auch gelernt, Eure Macht zum Wohle des Ganzen einzusetzen und somit seid Ihr wahre Lichtpunkte. Etwas Schöneres gibt es nicht !

23. Dezember

Viele von Euch sind sich aber der Präsenz der Engel wieder im vermehrten Masse bewusst und möchten mit ihrem persönlichen Helfer, dem Schutzengel in Kontakt treten. Oftmals werden sie dann enttäuscht, weil sie ihn nicht spüren. Dies ist aber ein Trugschluss; bedenkt, wie viele Inkarnationen Ihr und Euer Schutzengel bereits miteinander verlebt habt. In vielen Inkarnationen war die Zusammenarbeit sehr gross und auch bewusst. So hat sich im Verlauf der Zeit eine sehr enge Bindung zwischen Euch und Eurem persönlichen Helfer ergeben. In vielen Fällen ist diese Bindung so eng, dass sie gar nicht mehr wahrgenommen wird. Der Schutzengel erscheint Euch als ein Teil Eurer selbst.

24. Dezember

Ein Lichtarbeiter ist ein Mensch, der seine Hilfen und Hilfsmittel zur richtigen Zeit, am richtigen Ort aus eigener Initiative heraus wirkungsvoll einsetzt.

25. Dezember

Bedingungslose Liebe ist der Grund, auf welchem das ganze Sein steht und ruht. Jeder Antrieb des Seins, jede Schöpfung entspringt diesem Prinzip. Ohne diese Liebe ist kein Leben, in irgendeiner Form, möglich - es ist das, was das ganze grosse Sein zusammenhält und überhaupt ausmacht. Diese Gedanken sind für Euch schwer zu verstehen, weil sie Dimensionen umfassen, welche Ihr nicht mehr mit Eurem Intellekt erfassen könnt, sondern nur noch mit Eurem Herzen.

26. Dezember

Jeder Abschnitt einer Phase dient der Erweiterung des eigenen Bewusstseins, aber auch des Bewusstseins der Zentralsonne (Gottesbewusstsein).

27. Dezember

Das Ziel in der heutigen Zeit ist es, echte Partnerschaften zu bilden. Diese Partnerschaften zu zweit bilden die Keimzellen für die viel grösseren Partnerschaften, die auf die Menschen zukommen. Erst wenn es möglich ist, dass Ihr untereinander in echten Partnerschaften leben könnt, erst dann ist es möglich, dass Ihr auch zu andern Wesen, seien dies nun Pflanzen, Tiere, Kristalle oder nicht inkarnierte Wesen, in einem partnerschaftlichen Verhältnis leben könnt. Dann gehen wir gemeinsam einen weiteren Schritt auf unserem Weg zurück zum Ursprung.

28. Dezember

Wir freuen uns, Euch bei der Entwicklung von Lebenshaltungen zu unterstützen. Viele Wesen stehen bereit, Euch zu helfen; ruft sie und sie werden kommen. Sie kommen nicht etwa, weil sie geschickt wurden oder weil sie müssen oder gezwungen wurden. Nein, sie kommen, weil es ihre Haltung ist zu helfen - eben weil es so ist.

29. Dezember

Arbeitet im Einklang mit dem grossen Jahresrhythmus, dann werdet Ihr sehen, dass Euch Projekte viel einfacher von der Hand gehen, wenn Ihr sie „zur richtigen Zeit" angeht.

30. Dezember

Wie befreiend kann doch ein herzhaftes Kinderlachen sein. Dieser urtümlichen Freude kann nichts widerstehen, es ist ansteckend. Diese Freuden findet Ihr in Eurer Umgebung immer wieder. Ihr müsst nur die Augen öffnen und sehen. Da gibt es in der Natur diese vielen kleinen und grossen Wunder am Wegrand - lernt wieder zu staunen darüber, ehrfürchtig und freudig. Betrachtet doch wieder einmal eine Blume ganz genau und lasst Euch von ihr von Euren Sorgen wegtragen, für Augenblicke den Alltag vergessen. So könnt Ihr Euer Herz der Freude gegenüber wieder öffnen.

31. Dezember

Das grosse Ziel ist, dass auf der inkarnierten Seite immer mehr Lichtarbeiter da sind, die sich bedingungslos der grossen Aufgabe annehmen, nämlich der Erde und den Menschen zu helfen. Diese Lichtarbeiter müssen zuerst bei sich beginnen, über Schutz und Potential verfügen, auf dass sie so ausgerüstet überall eingesetzt werden können. Dies sind unsere wahren Helfer, unsere Lichtarbeiter.

HINWEISE

Bitte beachten Sie, dass diese Texte aus den Büchern der Reihe *Botschaften aus Shamballa* und dem Buch *Engel - eine selbstverständliche Art des Seins* stammen. Hierbei handelt es sich um Text, welche von der Führung der Planetarischen Hierarchie stammen. Die Wesenheiten aus der geistigen Welt sprechen uns ganz direkt mit Ihr an und benutzen das wir, wenn sie von sich sprechen.

Es ist uns ein Anliegen, dass dieses Buch an einem Ort aufbewahrt wird, wo es täglich zugänglich ist. Lesen Sie die Sprüche und Gedanken jeden Tag - auf diese Weise können Sie sich immer wieder mit den lichtvollen Ebenen der geistigen Welt verbinden.